ヤマトタケル像　伊吹山の麓には、イノシシに姿を変えた山の神とヤマトタケルの像が置かれている（滋賀県米原市）

熊襲の穴　ヤマトタケルは女装して、この敵陣に入った（鹿児島県霧島市）

熊曽国　かつての熊曽国をしのばせる熊襲踊り（宮崎県都城市）

騙し討ち　出雲振根の騙し討ちの場とされる止屋《やむや》の淵（島根県出雲市）

倭姫宮　ヤマトタケルが不満をもらした叔母ヤマトヒメを祭る倭姫宮
（三重県伊勢市）

オトタチバナヒメ　走水神社から望む浦賀水道。対岸に房総半島が見える。神社の「舵の碑」のプレートには、オトタチバナヒメが描かれている（神奈川県横須賀市）

酒折宮　ヤマトタケルの登用伝承が残り、ここで御火焼の老人と歌を交わしたといわれている（山梨県甲府市）

白鳥陵古墳　手前の白鳥陵古墳（羽曳野市）を含む古市古墳群と百舌鳥古墳群は 2019年7月、世界文化遺産の登録が決定され、注目を浴びている（大阪府堺市、羽曳野市、藤井寺市）

産経NF文庫
ノンフィクション

日本人なら知っておきたい英雄

ヤマトタケル

産経新聞取材班

潮書房光人新社

はじめに

日本人にとって忘れることができない英雄

大阪の百舌鳥《もず》・古市《ふるいち》古墳群が二〇一七年七月、世界文化遺産の国内候補に選ばれた（二〇一九年七月、世界文化遺産に登録決定）。世界三大墳墓の一つと呼ばれる仁徳陵古墳（全長四八六メートル）が百舌鳥地区にあり、同古墳の雄大さは他の二つ、秦の始皇帝陵（同三五〇メートル）、クフ王のピラミッド（底辺二三〇メートル）を上回る。

古市地区には仁徳陵古墳に次いで日本二位の大きさを誇る応神陵古墳（全長四二五メートル）がある。これほど雄大な古墳群を遺す地域は世界でも例がなく、世界文化遺産の資格は十分である。

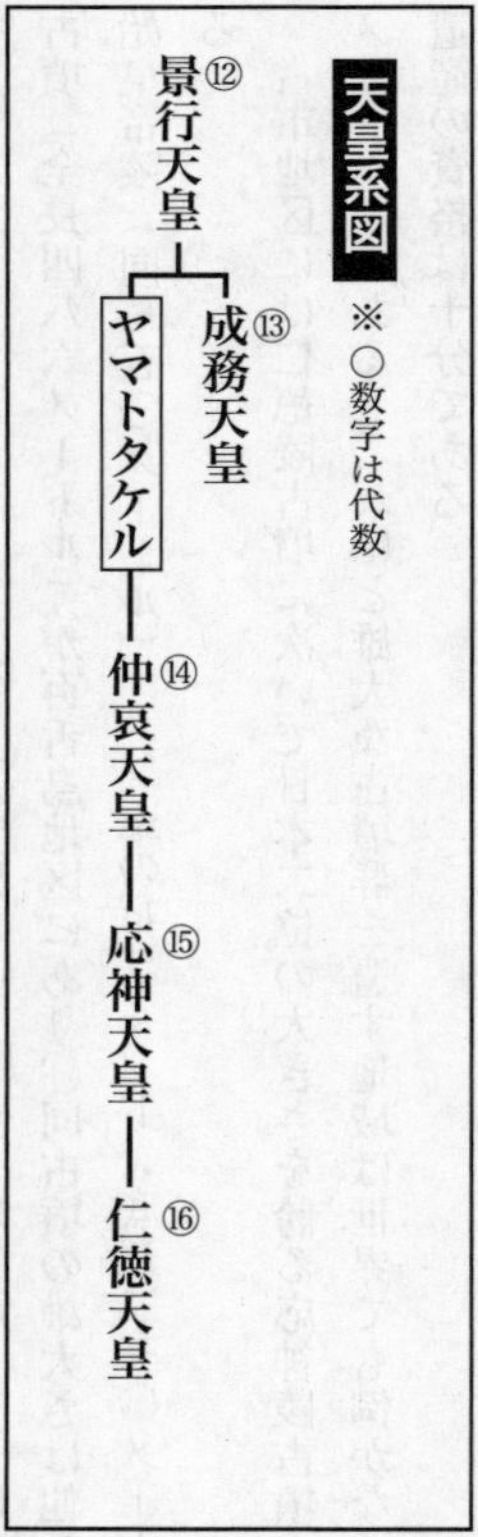

仁徳陵古墳は十六代仁徳《にんとく》天皇の陵墓とされる。応神陵古墳はその父、十五代応神《おうじん》天皇の陵墓である。二つの巨大前方後円墳は、二人の天皇の御世が、古代天皇の時代で最も安定し、豊かだったことを示している。

この二人は、日本史が神話から人の御世に代わる時代の「英雄の孫と曾孫」に当たる。英雄の名は倭建命《やまとたけるのみこと》（古事記の表記、日本書紀では日本武尊）。十二代景行《けいこう》天皇の太子《ひつぎのみこ》（皇太子の一人）で、天皇に従わない九州の熊曽《くまそ》（襲）や東国の反乱者たちを討伐し、最期は大和帰還を目前にして非業の死を遂げる御子である。

その死後、皇位は異母弟の成務《せいむ》天皇が継ぐが、成務天皇の死後、ヤマトタケルの子が十四代仲哀《ちゅうあい》天皇になった。仲哀天皇の子が応神天皇、応神天皇の子が仁徳天皇である。二人の天皇の繁栄した時代の礎を築いたのは、ヤマトタケルの活躍だったといわれる所以だ。

◇豪胆さと知謀を発揮した「西征」

ヤマトタケルの生涯は、知略を尽くした軍記物を読むようで、英雄譚にふさわしいが、同時に危うさと悲劇性を帯びていて、実に日本人好みのものだ。十六歳で熊曽討伐を父・景行天皇に命じられた経緯がすでに、悲劇の主人公らしい伏線を感じさせる。長くなるが、その生涯を解説をまじえて紹介したい。

熊曽討伐の発端は、景行天皇が美濃の国造《くにのみやつこ》(地方長官)の娘二人を妃に迎えようとしたことだった。ヤマトタケルの兄、大碓命《おほうすのみこと》が使者として出向くが、オホウスは姉妹の美しさに迷い、替え玉を天皇のもとに送って、姉妹を自分のものにした。天皇は替え玉と気付くが、息子の心情を思ってだまされたふりをした。そこまでは美談のようだが、問題はオホウスの対応だった。父をだました引け目から、天皇との朝夕の食事に顔を出さなくなった。古代皇室では、食事を共にしないことは叛意を抱くことも意味した。

「もはら汝《なれ》ねぎ教え覚《さと》せ」

天皇が、ヤマトタケルにそう命じたことが父子の確執につながったことを、古事記は書く。天皇の言葉は、兄に食事に出てくるよう教え諭せというものだったが、ヤマトタケルは罰を与えよと誤解したのである。

何日経ってもオホウスが姿を見せないことを訝《いぶか》った天皇が、ヤマトタケルを問いだすと、「既にねぎ為《し》つ」と答える。どうやって諭したのか、と聞くと、明け方、厠《かわや》に立った兄を待ち伏せ、つかみつぶして手足をもぎ取り、薦《こも》に包んで投げ捨てた、と言ったのである。

天皇は、ヤマトタケルの「建《たけ》く荒き情《こころ》」を恐れ、九州の熊曽討伐を命じた。ヤマトタケルが身近にいることを避けようとしたのである。

こうして始まった十六歳の遠征で、ヤマトタケルは見事なまでの知謀を見せる。九州では、幾重もの軍勢に守られた熊曽建《たける》兄弟を討つために、乙女姿になって酒宴に潜入し、兄弟の油断をついて討ち取った。出雲の国の出雲建を討つ際には、水浴びをする出雲建の剣を木刀にすり替え、大刀合わせを申し入れて斬殺した。

いずれも少ない手勢を温存するための策略だったといわれるが、大将自ら敵将に近づく豪胆さがなければできない芸当だ。

◇女性たちの支援と献身で成功した「東征」

軍功を上げて凱旋したヤマトタケルは、次なる試練を迎える。帰朝し、首尾を報告するヤマトタケルに父の天皇は、東方十二か国の平定を命じるのである。ヤマトタケルは東征の途中、伊勢で天照大御神《あまてらすおおみかみ》を祭る叔母・倭比売命《やまとひめのみこと》に嘆く。

「天皇既に吾の死ぬことを思ほす所以《ゆえ》か、何ぞ」

天皇は自分が死ぬことを望んでおられるようだが、なぜでしょうか。そう尋ね、難しい命令を矢継ぎ早に下しながら満足に軍勢を与えないことを嘆き、自分に死を命じておられるのと同じだと不満をぶちまける。

父に愛されず、母親代わりの叔母を頼ろうとする少年の姿がそこにある。叔母は、何も言わずに神意の籠った草那芸剱《くさなぎのたち》と御嚢《みふくろ》を与え、窮地に立ったら御嚢の口を解くように、と言った。

御嚢が威力を発揮するのは、相武国《さがむのくに》（相模）の国造に欺かれて火攻めにあった時である。草那芸剱で周囲の草を薙ぎ払い、御嚢の中にあった火打石で向かい火をつけて死地を脱し、国造らを討伐した。

走水の海（浦賀水道）で渡《わたり》の神が暴風を起こし、難破の危機に立った際には、同行していた妻の一人、弟橘比売命《おとたちばなひめのみこと》が海に身を投じて鎮めた。

「妾《やっこ》、御子に易《か》はりて海の中に入らむ。御子は遣はさえし政《まつりごと》遂げ、覆奏《かへりごとまを》すべし」

自分が身代わりに命を捨てるので、あなたは使命を果たして大和に報告しなさい、というオトタチバナの言葉は、献身の手本として多くの日本人の心に刻まれたものだ。それを知った時の感動は、皇后陛下が幼少期の読書の思い出として語られたこともある（第六章参照）。

ヤマトタケルは、上陸地に七日間留まり、流れ着いたオトタチバナの櫛を御陵に納めた。東国平定を終えた帰りには、オトタチバナをしのんで、三度歎き、「あづまはや」とつぶやいた。わが妻よ、というこの言葉が阿豆麻《あづま》（＝東）の国名の由来とされる。

ヤマトヒメとオトタチバナ。ヤマトタケルの東征は、女性たちの支援と献身で成功したことを記紀は示唆している。

因幡の白兎で有名な大国主命《おおくにぬしのみこと》の出世と国造りが、八上比売《やかみひめ》や須佐之男命《すさのおのみこと》の娘、須勢《すせ》理毘売命《りびめのみこと》らに助けられたことを連想させる。記紀が描く英雄はほとんど、女性の支援や支持があってこそ活躍できることが描かれていて、ヤマトタケルはこの類型に当てはまる。ヤマトタケルが時代を超えて人気を得る一因だろう。

◇大和に戻る直前でみせた「驕りと油断」

ヤマトタケルの最期にも、女性が重要な役割を果たす。東征の任務をほぼ終え、尾張国に入った際に契りを結ぶ美夜受比売《みやずひめ》がその人だ。尾張を治める有力氏族、尾張族の姫であるミヤズヒメとは東征の出発時、ヤマトタケルは会い、帰還した際の結婚を約束していた。

その約束を果たし、寛いだことや、西征に続く東征の成功で油断もあったのだろう。伊服岐能山《いふきのやま》（伊吹山）の神を討伐に行く際、神意で東征を守護した草那芸剱をミヤズヒメのもとに残してしまうのである。

「茲《こ》の山の神は徒手《むなで》で直《ただ》に取りてむ」

この山の神を討つぐらいは素手で十分だ、という言葉は、ヤマトタケルの驕りと油断を明確に伝えている。

登山の途中で出会った白猪に対しては、山の神の使い程度の者だろうから帰り道で殺せばよかろう、と独り言で言った。その猪こそ伊服岐能山の神で、怒って大氷雨を降らし、その勢いにヤマトタケルは重傷を負う。

歩くこともままならず、疲労困憊しながら南下して大和を目指すが、能煩野《のぼの》（三重県鈴鹿市、亀山市付近）で死を迎える。

その直前、詠んだ四首の歌の一つが有名な思国歌《くにしのひうた》だ。〈倭《やまと》は 国のまほろば たたなづく 青垣《あをかき》 山隠《やまごも》れる 倭し 麗《うるは》し〉目前にしながらたどり着くことができない故郷、大和への思いがこぼれるほど籠っている。古事記では、ヤマトタケルの亡くなった地に大和から、妻子らが駆けつけて御陵をつくり、嘆きの歌を詠んだ。すると、御陵から白鳥が飛び立ち、妻子らは浜や磯、海に入って後を追い、四首の歌を詠んだ。四首は、天皇の大葬で歌うものとして今に引き継がれている（第十章参照）。

◇神武天皇からバトンを渡された「国固め」

ヤマトタケルの生涯は、古事記では中巻《なかつまき》に収められている。神武天皇が造った国に綻びが見え始めた時代の話だ。

古事記は上巻《かみつまき》で建国神話を描き、下巻《しもつまき》では十六代仁徳天皇から三十三代推古天皇までの治世、つまりは歴史を書いている。

二つの巻にはさまれた中巻は、初代神武天皇から十五代応神天皇までを扱っているが、神武天皇の国造り、日向から大和に向かう東征が八咫烏に導かれるような神意に満ちたものであるように、神代と人代を結ぶ巻と位置付けられる。

ヤマトタケルの活躍も、神秘に満ちたものが残る点で、神話の要素を遺すものだ。一方で、少年の弱さや脆さ、成功を重ねた青年の驕り高ぶりなど、人間味を十二分に感じさせる内容である。

その意味で、天照大御神を皇祖神とする天皇が、神から人に立場を代えながら日本を治める歴史を、象徴的に示す英雄といえる。

白鳥となったヤマトタケルが舞い降りた地、河内国・志幾には白鳥御陵がつくられた、と古事記は書く。

その御陵は、大阪府羽曳野市の白鳥陵古墳と宮内庁が治定している。古市古墳群の中にあり、全長は二〇〇メートル。孫の応神天皇や曾孫の仁徳天皇には及ばないが、即位しなかった太子としては、異例の雄大さである。

そのことが、神武天皇が建国した日本の仕上げのような国固めに生涯を捧げたヤマトタケルに対する、大和の人たちの評価と感謝の表れのように思える。

白鳥陵古墳の近くの同市立白鳥小学校では児童らが、ヤマトタケル伝承を素材にした音楽劇『白鳥伝説』を演じ続けている。オラトリオ（聖譚曲《せいたんきょく》）『ヤマトタケル』を完全上演するために結成された市民合唱団「シグナス混声合唱団」も活動を続けている。百舌鳥・古市古墳群の世界文化遺産登録を後押しするため、一万人コンサートの二〇二八年開催をめざす実行委員会も結成されている。

本書は産経新聞に連載した『ヤマトタケルのまほろば』をベースにしている。名前の浸透度に比べて、その生涯に不明な部分の多い日本の英雄の足跡を取材し、真実の姿を追った。

連載では、古事記を主とし、日本書紀を従の資料とした。父との確執に触れない日本書紀より、確執とヤマトタケルの歎きを克明に描く古事記に真実味を感じたからである。

ちなみに日本書紀では、景行天皇がまず熊襲討伐を行い、さらに叛いたのでヤマトタケルが西征したと書かれている。東征は、代わりの者がいなくてやむなく天皇が命じ、ヤマトタケルの死後、天皇は追悼の旅をしたと書いている。その足跡も含めて、古事記が記していない陸奥、常陸の東征コースも、記者が訪ねて地元の伝承を集めた（第六章、七章参照）。

取材班は南は鹿児島県から北は岩手県まで、日本各地を巡った。ヤマトタケルを祭る神社で由来を尋ね、郷土史家が語る話に耳を傾けた。こんな遠くまで、と驚くようなところでもヤマトタケル伝承は残っていた。
そのことが雄弁に、ヤマトタケルは日本人にとって忘れることができない英雄であることを物語っている。

安本寿久（産経新聞編集委員）

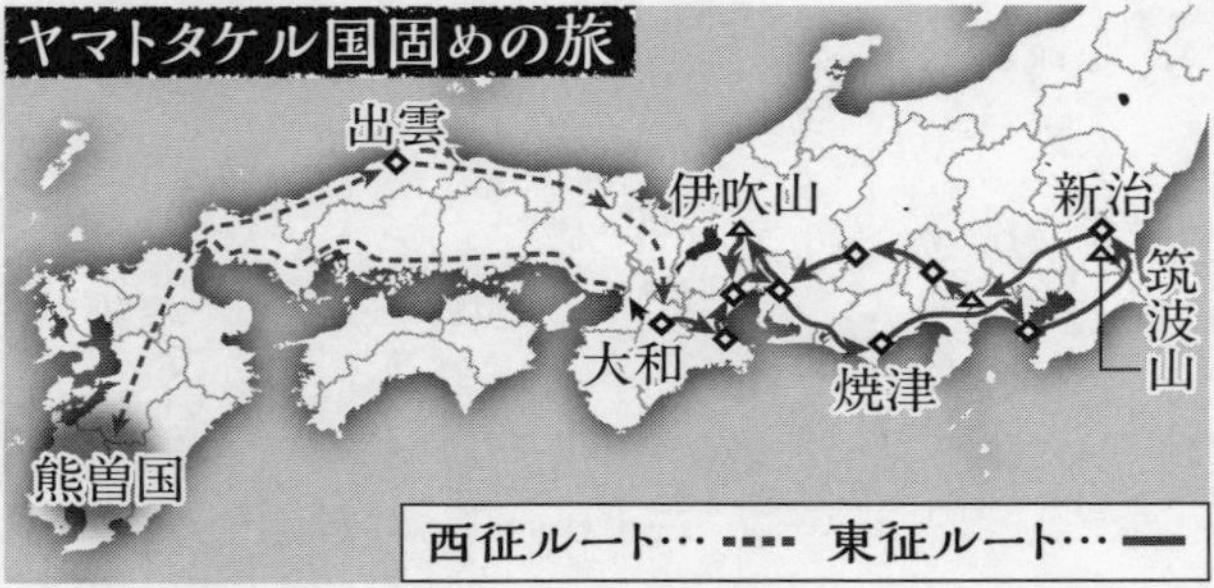

西征ルート

大　和（現・奈良県）
↓
熊曽国（九州南部）
↓
出　雲（現・島根県）

東征ルート

大　和（現・奈良県）
↓
伊勢神宮（現・三重県）
↓
尾　張（現・愛知県）
↓
焼　津（現・静岡県）
↓
走水海（現・浦賀水道）
↓
新治・筑波（現・茨城県）
↓
足柄峠（現・静岡県と神奈川県の境）
↓
酒折宮（現・山梨県）
↓
熱　田（現・愛知県）
↓
伊吹山（現・岐阜県と滋賀県の境）
↓
能煩野（現・三重県）

日本人なら知っておきたい英雄 ヤマトタケル――目次

第三章 出雲国

第四章 父と叔母

第五章

尾張国から相武国へ

第六章

吾嬬国《あづまのくに》

第七章

東征帰路

第八章

伊《い》服《ふ》岐《き》能《の》山《やま》（伊吹山）

第九章 思国歌《くにしのひうた》

第十章 白鳥伝説

第十一章　父の親征と慰霊

第十二章　天皇への系譜

日本人なら知っておきたい英雄

ヤマトタケル

第一章

父子の確執

ヤマトタケルの軍旅は、父・景行天皇のこの命令で始まった。天皇は、自分の指示を誤解して兄の大碓命《おほうすのみこと》を簡単に殺害したヤマトタケルの「建《たけ》く荒き情」を恐れて、十六歳の御子に西征を命じた。

西の方に熊曽建《くまそたける》二人有り。
是れ伏《まつろ》はず、礼《ゐや》无《な》き人等ぞ。故其の人等を取れ

1 天下を覆い版図拡大

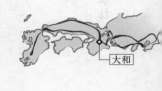

〈纒向《まきむく》の日代宮《ひしろのみや》に坐《いま》して、天の下治《したし》らしめしき〉

古事記は、十二代景行《けいこう》天皇の項をこう書き出す。あとは結婚と御子の記述が延々と続く。景行天皇は数多くの妻を召し、御子は八十人もいたのである。

〈伊那毗能大郎女《いなびのおほいらつめ》に娶《あ》ひて、生みませる御子、櫛角別王《くしつのわけのみこ》、次に大碓命《おほうすのみこと》、次に小碓命《をうすのみこと》〉

この小碓命が倭建命《やまとたけるのみこと》である。天皇が最初に迎えた妻が生んだ五人の御子の一人として、古事記は紹介し、さらにこう続ける。

〈若帯日子命《わかたらしひこのみこと》と倭建命、また五百木之入日子命《いほきのいりひこのみこと》、此の三《みはしら》の王は太子《ひつぎのみこ》の名を負ふ〉

八十人の中で三人しかいなかった皇位継承権者に、ヤマトタケルは入っていたのだ。

父子が良好な関係で暮らした日代宮は、現在の奈良県桜井市穴師あたりとされる。大《おお》神《みわ》神社から「山の辺の道」を北に向かうと開ける緩やかな傾斜地で、奈良盆地を一望

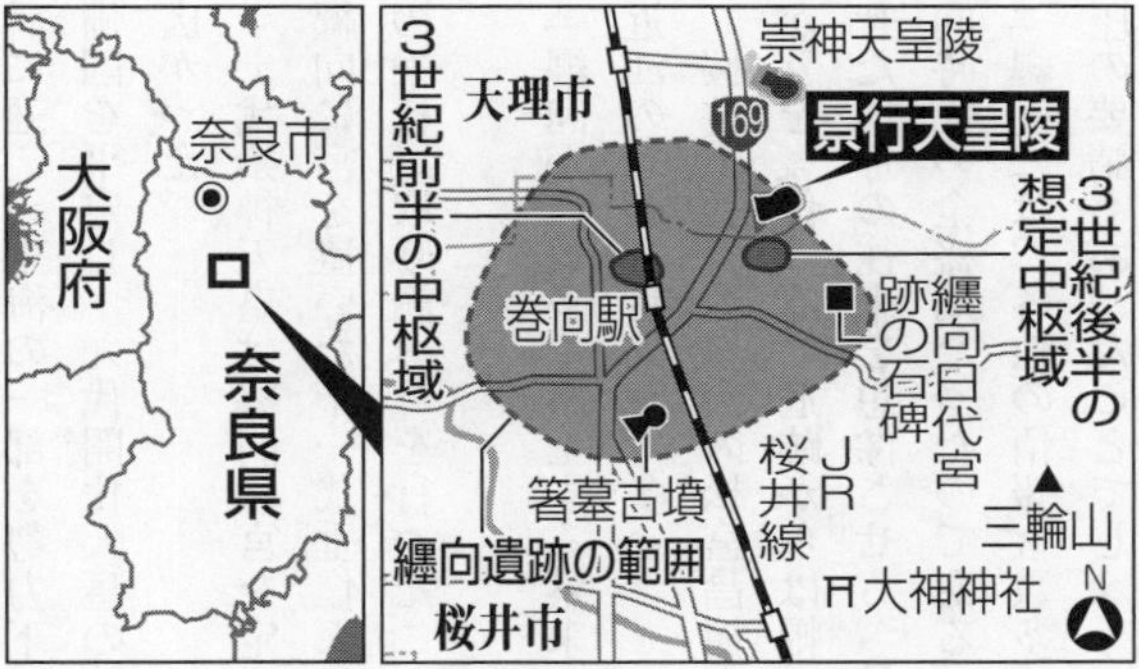

するこの地には、渋谷向山《しぶたにむかいやま》古墳がある。被葬者について、大阪府立近つ飛鳥博物館の白石太一郎館長はこう言う。

「宮内庁の治定の通り、景行天皇の可能性は非常に高い」

〈六合《りくがふ》を兼ねて都を開き、八紘《はちくわう》を掩《おほ》ひて宇《いへ》と為さむこと、亦《また》可《よ》からずや（四方の国々を統合して都を開き、天下を覆って我が家とすることは、はなはだ良いことではないか）〉

日向から東征して大和に入り、初代神武天皇として即位したカムヤマトイハレビコノミコトは、政権樹立の際にこう述べた、と日本書紀は記す。神武天皇の意思通り、歴代天皇は奈良盆地を基点に、版図を広げていった。

古事記は、五代孝昭《こうしょう》天皇が尾張連《むらじ》の祖の娘を后《きさき》に迎え、東海の一部を勢力下にしたことを示唆する。七代孝霊《こうれい》天皇は祭祀などで吉備国を平定し、九代開化《かいか》天皇の時代には皇族の婚姻関係は、美濃や近江、丹後にまで広がった。

十代崇神《すじん》天皇は纒向に宮を定め、東方十二カ国や北陸に将軍を派遣した。引き続き纒向に宮を置いた十一代垂仁《すいにん》天皇は、倭姫命《やまとひめのみこと》に伊勢神宮を創祀させ、出雲国での神宝の検校（取り調べ）を行ったことが日本書紀に書かれている。

「纒向から数多く出土する外来の土器は、東海系が半分を占め、山陰や北陸、吉備、近江のものも目立って多い」

桜井市教育委員会の松宮昌樹調査員はそう話す。出土状況は、記紀が示す版図の広がりを裏付ける。遺跡からは幅五～六メートルの人工水路も発見され、物資や人を載せた川舟の往来を想像させる。景行天皇とヤマトタケルが過ごしたのは、そうした纒向時代の全盛期だったのである。

「纒向には、各地の情報も数多く集まったことは想像に難くない。反乱の知らせや鎮圧の要請もあったことでしょう」

白石館長は、その後に記紀が書く父子関係の変化を踏まえ、そう推測する。

「国内最初の都市」纒向遺跡

奈良県桜井市から同県天理市にかけての三輪山麓に広がる三世紀初頭〜四世紀中ごろの大集落跡。前方後円墳の発祥の地と推定され、国内最初の都市ともいわれる。平成二十三年、三世紀前半の巨大建物などが建っていた中枢域が発見され、倭国女王・卑弥呼の宮殿跡とする説が浮上、邪馬台国の最有力候補地とされる。

一方、記紀は十代崇神、十一代垂仁、十二代景行の三代の宮が纒向にあったと伝える。景行天皇陵の南側に三世紀後半の中枢域が想定され、景行天皇の宮、古事記が書く日代宮の可能性が指摘される。

2

播磨
二人の皇子誕生

〈吉備臣等《きびのおみら》が祖《おや》、若建吉備津日子《わかたけきびつひこ》の女《むすめ》、名は針間《はりま》の伊那毗能大郎女〉

古事記は、倭建命の母について、そう記す。母の父であるワカタケキビツヒコの名は、七代孝霊天皇の項にも登場し、こう書かれている。

〈針間《はりま》を道の口と為《し》て、吉備国を言向《ことむ》け和《やは》しつ〉

針間（播磨）を進攻口として吉備に入り、交渉で平定したというのだ。その方法は、播磨国風土記によると、吉備勢力の吉備比売《きびひめ》を妻としたことだった。

ワカタケキビツヒコは孝霊天皇の御子とされる。ヤマトタケルの母のイナビは、大和と大国・吉備の血を引き、播磨で育った人ということになる。

ヤマトタケルの父、十二代景行天皇がイナビを最初の妻とし、生まれた小碓命（ヤマトタケル）を三人の太子（皇位継承権者）の一人に据えた理由は、この血脈にある

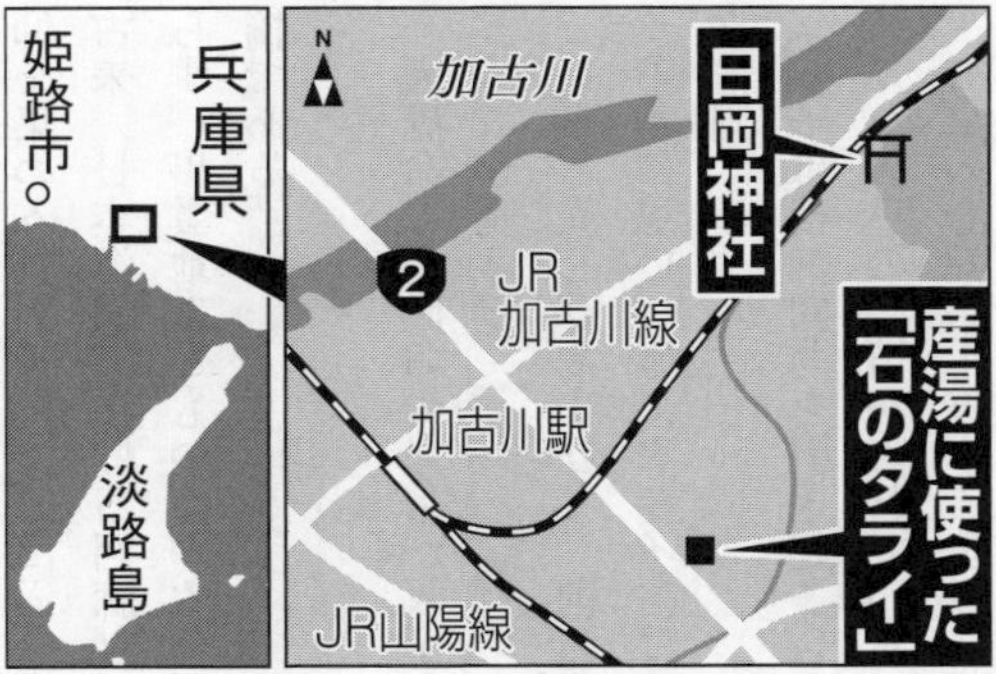

のだろう。

兵庫県加古川市加古川町。播磨の東側、東播といわれるこの地に、イナビが出産で産湯に使ったとされる二つの「石のタライ」が残っている。同市教育委員会が設けた説明板は、伝説と断った上で、こう書いている。

〈景行天皇の后、稲日太郎姫《いなびのおほいらつめ》は、たいへん難産で七日間苦しまれましたが、二人の王子が誕生しました。大きいタライを使われた王子は大碓命、小さいタライを使われた王子は小碓命と呼ばれた〉

「大和政権は地方勢力との政略結婚によって勢力圏を広げていった。政権の西端に位置する加古川でヤマトタケルが生まれたとすることには、象徴的な意味があると思う」

出産伝承にちなんで地元で、安産の神として信仰を集める日岡神社の関口洋介権禰宜《ごんねぎ》はそう話す。同神社のそばには加古川が流れる。古来、日本海側に抜ける回廊として利用されてきた河川だ。この地は吉備地方のみならず、出雲地方ともつながる場所で、絶対に押さえねばならない要衝だったという指摘である。

大碓命と小碓命の兄弟が双子だとする記述は、古事記にはない。日本書紀だけが書き、こう続ける。

〈天皇、異《あや》しびたまひて、則《すなは》ち碓《うす》に詰《たけ》びたまふ〉

不審に思い、碓（タライ）に向かって雄叫びをあげたのだ。その理由を関口氏はこう推測する。

「双子は後継問題を引き起こしかねず、それが政権にかかわるとなると重大なこと。そんな天皇の心情が表れているのではないでしょうか」

天皇の心配を示唆するように、書紀は弟についてのみ、詳しい説明を加えている。

〈幼くして雄略《をを》しき気有《いきま》しまし、壮に及《いた》りて容貌魁偉、身長一丈にして力能く鼎《かなへ》を扛《あ》げたまふ〉

幼児期から雄々しい気性で、成年になっては姿が大きく立派で、怪力の持ち主だったというのである。やがて、天皇の心配を現実にする事件が起こる。きっかけは、多くの妻を持つ天皇が、新たな妻を求めたことだった。それは、父子の不和と兄弟の悲劇につながった。

景行天皇の求婚

播磨国風土記は、イナビを印南《いなみ》の別嬢《わきいらつめ》とし、景行天皇との出会いをドラマチックに描く。

別嬢は求婚に驚き、恐れて小島に逃げた。しかし、別嬢の飼い犬が海に向かって吠《ほ》えたことから居場所がわかり、天皇は舟で海を渡った。連れ戻す際、天皇は「この島に愛おしい妻が隠れていたのだ」と話した。

別嬢の陵墓とされているのは、別嬢の伯父との説がある天伊佐佐比古命《あめのいささひこのみこと》を主祭神とする日岡神社の近くの前方後円墳「日岡御陵」。丘陵地にあり、近くの展望台からは播州平野が広く見渡せる。

3 豊かな美濃　兄の野心

〈天皇、三野《みの》の国造《くにのみやつこ》が祖、大根王《おほねのみこ》の女、名は兄比売《えひめ》・弟比売《おとひめ》二《ふたり》の嬢子《をとめ》、其《そ》の容姿《かたち》麗美《うるは》しと聞こし看《め》し定めて、其の御子大碓命《おほうすのみこと》を遣はして、喚《め》し上げたまふ〉

すでに多くの妻子がいた十二代景行天皇の行動を、古事記はこう記す。美濃（岐阜県）の国造（地方長官）の祖となる大根王の娘二人が美しいと聞き、妻にしようとしたのだ。

天皇は、姉妹を妻として召すため、倭建命の兄のオホウスを派遣した。オホウスは命令に従ったようにみせかけ、大胆な行動に打って出た。

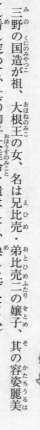

〈遣はさえし大碓命、召し上げずて、己自《おのれみずか》ら其の二《ふたり》の嬢子《をとめ》を婚《ま》き、更に他《あた》し女人《をみな》を求め、其の嬢女《をとめ》と詐《いつは》り名づけて貢上《たてまつ》る〉

父に献上すべき姉妹を自ら娶《めと》った上に、別の乙女二人を探し求めて姉妹と名乗らせ、天皇に献上したのだ。二人が別人と知った天皇の様子を、古事記はこう書く。
〈恒《つね》に長き恨みを経《へ》しめ、また婚きたまはずて、惚《なや》みたまふ（長い間、オホウスへの恨みを抑え、偽りの乙女とは結婚せず、お悩みになった）〉

天皇が妻にしようとした女性を皇子が娶る話は、他にも記紀が書いている。大雀命《おほさざきのみこと》（十六代仁徳《にんとく》天皇）が、十五代応神天皇が日向国から呼び寄せた髪長比売《かみながひめ》を、その美

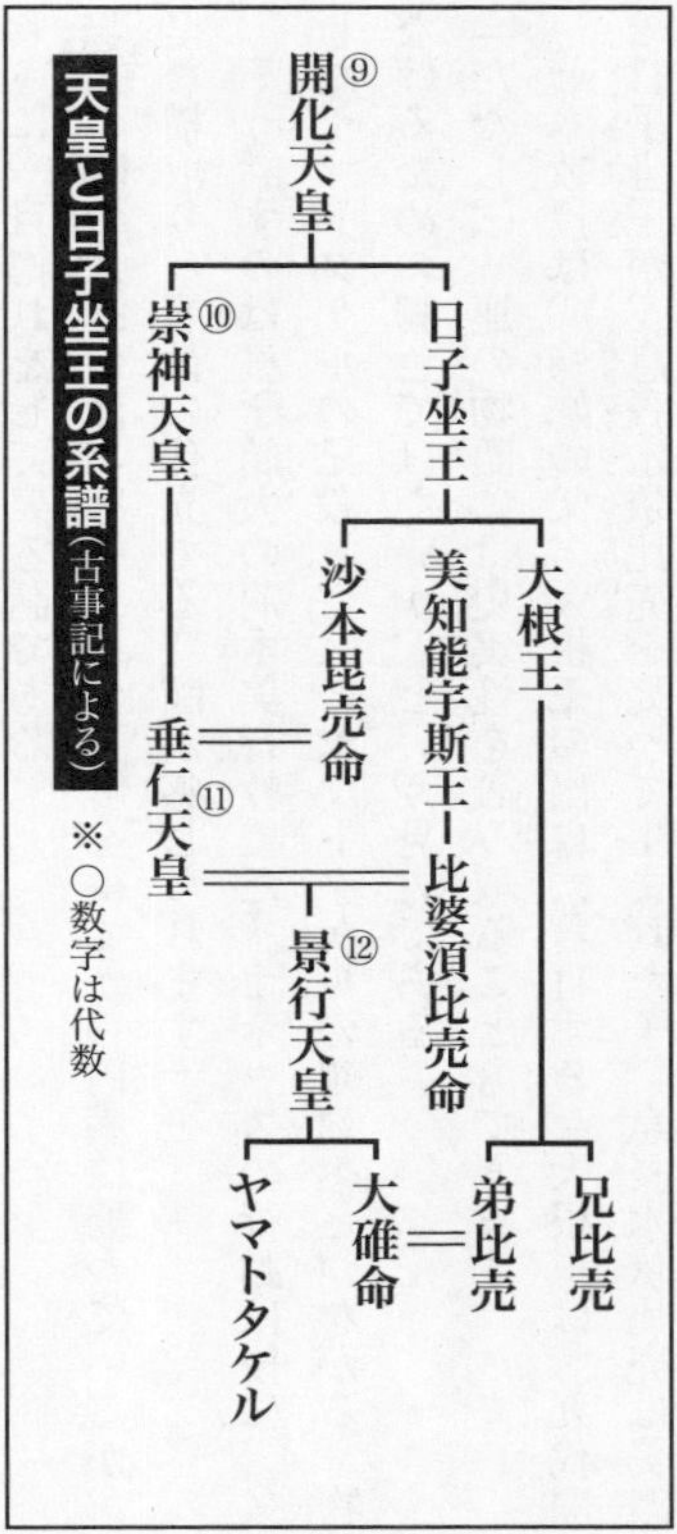

しさに一目惚れをして娶る話である。

「この時の大雀命は、応神天皇の了解を得てから円満に娶っているが、オホウスは完全な横取り。悪役に仕立てる意図が感じられます」

そう話すのは皇学館大の荊木《いばらき》美行教授だ。オホウスの行動は後に、父の指示を誤解したヤマトタケルの兄殺し、父とヤマトタケルの確執へとつながる。物語をそこへつなげるための脚色ではないか、という見方である。

「ただし、一連の物語には史実性を読み取ることもできます」

荊木教授は、姉妹の父、大根王の出自に着目する。大根王は、九代開化天皇の御子の日子坐王《ひこいますのみこ》が、息長水依比売《おきながのみづよりひめ》を娶って生まれた子。息長水依比売は美濃の西、現在の滋賀県米原市付近を拠点とする息長集団の娘だった。

「天皇の子孫が婚姻関係を通して地方官となり、版図を広げていく様相がうかがえる。景行天皇は後に、ヤマトタケルに命じて尾張以東を平定させるが、姉妹を召した時からその意図があったのでしょう」

岐阜市岩田西。清水山に鎮座する伊波乃西《いわのにし》神社に日子坐王と大根王は祭られている。

「その子孫は、盛んに治水を行ったと伝えられ、美濃には祭る神社が多い」

東直人宮司はそう話す。日子坐王や大根王らが、広大な濃尾平野に農地を開拓したと考えられるという。そうした伝承も踏まえ、荊木教授はこう話す。
「美濃は後の東征で重要な拠点となる地。豊かな土地だったからこそ、オホウスも野心を持ったのでしょう」

日子坐王

古事記に極めて詳しい系譜が紹介されているほか、称号としての「王」が初めて使われ、天皇に準ずる存在として扱われている。

祭神とする神社が岐阜県内に集中し、伊波乃西神社のある清水山中腹の「日子坐命墓」を宮内庁が陵墓参考地として管理している。

古事記では、十代崇神天皇の時代、四道将軍の一人として丹波（古くは丹後や但馬を含む）に派遣されたとされる。日本書紀は、彦坐王《ひこいますのみこ》と書き、丹波に派遣された丹波《たにはの》道主命《みちぬしのみこと》（古事記では丹波比古多々須美知能《たにはのひこたたすみちの》宇斯王《うしのみこ》）の父としている。

4 天皇が恐れた「荒き情《こころ》」

十二代景行天皇が妻にしようとした美濃の美人姉妹を娶った大碓命は、二人との間に御子を設けたと古事記は書く。そして、続く『倭建命の西征』の編を、天皇がヤマトタケル（この時点での名は小碓命）に、こう語りかけたと書き始める。

〈「何とかも汝《な》の兄《え》、朝夕の大御《おほみ》食《け》に参出《まゐい》で来ぬ。もはら汝《なれ》ねぎ教へ覚《さと》せ」〉

オホウスが食事に出てこないことを咎《とが》め、丁寧に教え諭すように命じたのだ。しかし、五日たってもオホウスは姿を見せず、不審に思った天皇はヲウスに質問した。

〈「もしいまだ誨《をし》へず有りや（もしや、まだ教えていないのか）」〉

〈「既にねぎ為《し》つ（すでに教え諭しました）」〉

〈「いかにかねぎつる（どう諭したのか）」〉

〈「朝署《あさけ》に厠《かはや》に入りし時、待ち捕らへ搤《つか》み批《ひし》ぎて、其の枝《えだ》を引き闕《か》き、薦《こも》に裹《つつ》み投げ

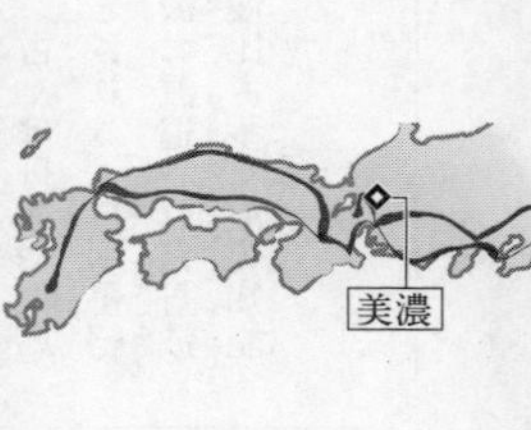

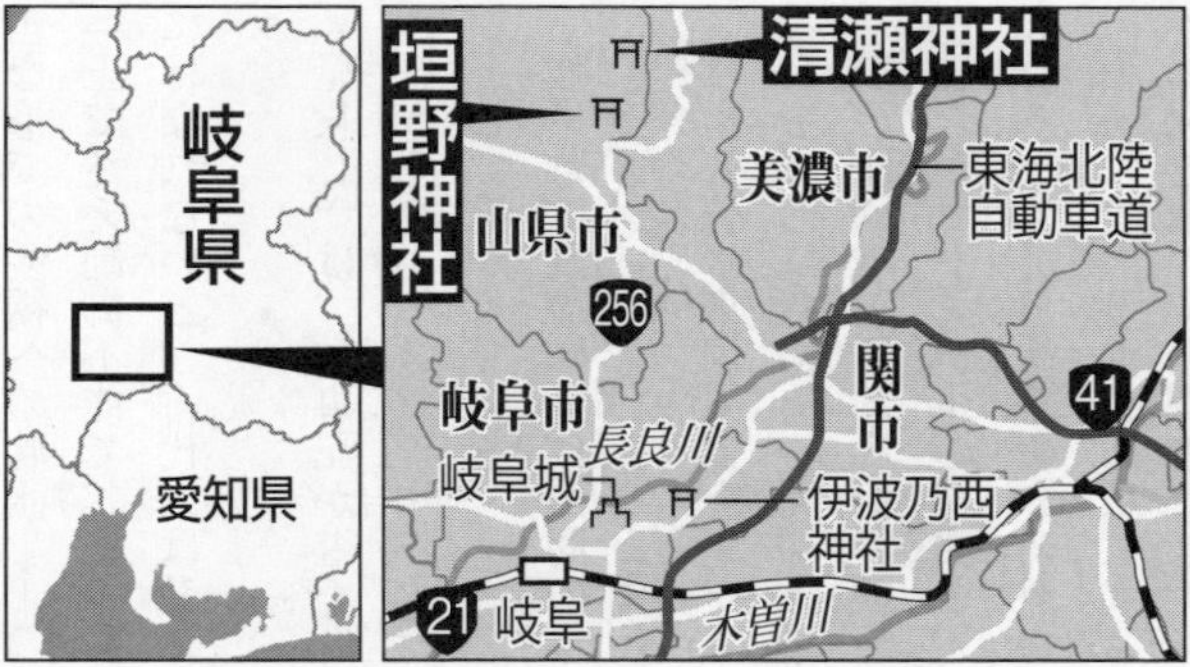

棄《う》てつ」〉

明け方、兄が厠に入った時を待ち受けて捕まえ、つかみつぶして、その手足をもぎとり、薦に包んで投げ捨てた、というのである。「建《たけ》く荒き情《こころ》」を恐れた天皇は命じる。

〈「西の方に熊曽建《くまそたける》二人有り。是れ伏《まつろ》はず、礼无《ゐやな》き人等《ども》ぞ。故其の人等を取れ」〉

ヤマトタケルの西征は、こうして始まった。

「肉親を殺す行為は、世界の神話的英雄に共通してみられます」

学習院大の吉田敦彦名誉教授はそう話す。ギリシャ神話のヘラクレス、北欧神話のスタルカテルス、インド神話のインドラ、そしてヤマトタケル。苦難の旅を続ける英雄たちには、宗教的冒涜《ぼうとく》である肉親殺し、戦士のモラルに反する騙《だま》し討ち、不当な形での愛欲への耽溺《たんでき》――この三つの罪を犯す共通点があるという。

「王でさえ制御不能で、秩序に収まることのない戦士でなければ、敵を圧倒する英雄にはなれないと、古代人は考えたのでしょう」

「兄殺し」は、古事記が書くものである。日本書紀にはこの記述はなく、オホウスは、西征から帰ってきたヤマトタケルに東征の役割を促され、逃げ隠れてしまう臆病な人物として描かれている。

岐阜県山県市柿野。山間の集落にたたずむ清瀬神社は、オホウスが大根王とともに隠棲《いんせい》したとされ、こんな伝承を持つ。

〈日本武尊《やまとたけるのみこと》が東国平定を果たされた帰途、狗《いぬ》の道案内によって美濃に着き、都からのご命令をお待ちになる間、大碓命と睦《むつま》じくお住居なされた〉

伝承は毎年四月、八百年以上の歴史がある柿野祭りで再現される。近くの垣野神社を出たヤマトタケルの神輿《みこし》と、清瀬神社から出たオホウスの神輿が御旅所で出合い、神楽やからくり人形舞が奉納される。

「体が大きく勇敢だったため、討伐を強いられるヤマトタケルは、心優しく戦が不得手の兄を慕っていたのです」

両神社の氏子総代代表、長屋隆司氏はそう話す。個性の全く違う兄弟の運命を村人は憂え、幸福なひとときを語り伝えている。

ヘラクレスとの共通点

ギリシャ神話の英雄、ヘラクレスは、紀元前十六世紀〜紀元前十二世紀のミケーネ文明の都市国家ティリンスの王に、ライオン退治など十二の難行を命じられる。命令は、自分の子を敵と思い違いして殺したことが原因。ヘラクレスは、他国の皇子を騙して高い塔から突き落として殺したり、捕虜にした王女を溺愛《できあい》したりする罪も犯す。

ヤマトタケルも西征では騙し討ちで敵を倒し、東征では不当な愛欲に溺れたことを古事記は書く。吉田名誉教授は中央アジアの遊牧民を経由し、印欧語族の神話が日本に影響している可能性を指摘する。

ヤマトタケルの出産時、兄と共に使ったとされる石のタライ
（兵庫県加古川市）本文 31 ページ

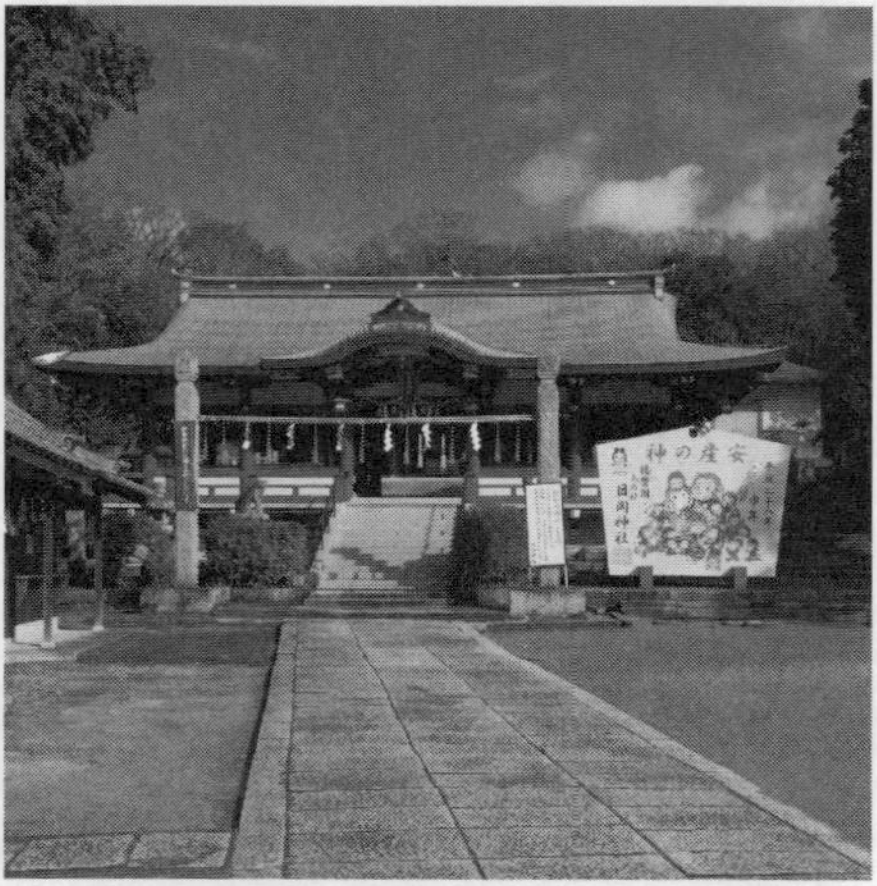

出産伝承にちなんで、安産の神として信仰を集める日岡
神社（兵庫県加古川市）本文 32 ージ

第二章

熊曽国

熊曽建《くまそたける》討伐のために九州に入ったヤマトタケルは、策略を用いてタケル兄弟を討つ。剣に貫かれた弟タケルは、何者だと尋ね、天皇の御子だと知ると、初めて自分たちより建《たけ》き男がいたことに驚いたと告げ、名前を献じる。

吾、御名を献《たてまつ》らむ。
今より以後、倭建御子《やまとたけるのみこ》と称《たた》ふべし

1 十六歳　初々しさと周到さ

〈「其の人等を取れ」〉

兄の大碓命《おほうすのみこと》を殺した小碓命《をうすのみこと》（後の倭建命《やまとたけるのみこと》、日本書紀では日本武尊）の荒々しさを恐れた父、十二代景行《けいこう》天皇は、ヤマトタケルに西の熊曽建《くまそたける》二人の討伐を命じた。この後、古事記は、ヤマトタケルの意外な行動を記す。

〈其の御髪《みかみ》を額《ぬか》に結《ゆ》はせり。尓《しか》して小碓命、其の姨倭比売命《をばやまとひめのみこと》の御衣《みそ》・御裳《みも》を給《たま》はりて、剱《つるぎ》を御懐《みふところ》に納《い》れて幸行《い》でましき〉

髪を額で結うことは、まだ少年であることを意味する。その姿で、伊勢神宮で天照《あまてらす》大御神《おおみかみ》に奉仕する叔母、ヤマトヒメの元に行ったというのである。そこで頂戴したのはヤマトヒメの衣装。そして剣を懐中に抱いて、軍旅に出た。ヤマトタケルの心情について、江戸時代の国学者、本居宣長《もとおりのりなが》はこう書き残している。

〈其御威《そのみいきおい》、御霊を借賜はむの御心なりけむかし〉皇祖神・天照大御神の御杖代《みつえしろ》（奉仕者）だったヤマトヒメから神威を得ようとしたという分析だ。ヤマトタケルの行動には十六歳らしい初々しさが感じられる。

対照的に、ヤマトタケルの周到さに触れるのは日本書紀である。西征を前に、或人《あるひと》にこう尋ねたと書く。

〈「吾《われ》、善く射《ゆみい》む者《ひと》を得て、与《とも》に行《ゆ》かむと欲《おも》ふ。其れ何処《いづこ》にか善く射る者有らむ」〉

〈「美濃国に善く射る者有り。弟彦公《おとひこのきみ》と曰《い》ふ」〉

或人がそう答えると、ヤマトタケルは早々に、葛城の人、宮戸彦《みやとひこ》を派遣して召し出した。

「那須与一が平氏の軍船の扇を射落として名を挙げたように、『善く弓を射る人』は時代をさかのぼるほど重宝された」

皇学館大の岡田登教授はそう話す。古代の戦は、大将一人を倒すことで勝負がついた。抜群の弓術を相手に見せつければ、それだけで降伏交渉に持ち込むことも可能で、弓の上手を軍に加えることは、戦上手ぶりを示している。

〈弟彦公、便ち《すなわ》石占横立《いしうらのよこたち》と尾張の田子稲置《たごのいなき》・乳近稲置《ちちかの》とを率ゐて来れり。則ち日本武尊に従ひて行く〉

日本書紀の記述はそう続く。オトヒコが伴って来た三人の名には地名が含まれている。石占は桑名郡（三重県桑名市）、田子は熱田神宮が鎮座する愛智郡（名古屋市）、乳近は阿遅加《あぢか》神社（岐阜県羽島市）の付近とされる。

「オトヒコは尾張氏の系譜にも登場する人物で、その召還のためにミヤトヒコを派遣したのは、尾張氏発祥の地が葛城の高尾張邑《たかおわりむら》という背景がある。ヤマトタケルはこうした縁を頼って兵を集めたのでしょう」

岡田教授はそう指摘し、奈良盆地の王権が、東海地方の勢力によって支えられていたと強調する。

「兵たちは、濃尾平野を潤す木曽三川が合流し、古代には伊勢湾に面していた尾津前《おつのさき》に集まり、西に向かったのではないか」

愛知県稲沢市の郷土史家、竹田繁良氏はそう話す。尾津前は、石占横立が治めた桑名郡の古代港。大和・葛城と濃尾の兵を率いて、ヤマトタケルは旅立ったのである。

古代港・尾津前

西征後の東征で、ヤマトタケルが刀を置き忘れた港として古事記に登場する。日本書紀では尾津浜。二十一代雄略《ゆうりゃく》天皇の時代に創建された多度《たど》大社が鎮座する多度山（標高四〇三メートル）の南方一帯を指し、ヤマトタケルを祭る神社が三社ある。

天照大御神の鎮座地を求め、奈良の纒向《まきむく》から近江、美濃、尾張、伊勢へと巡幸したヤマトヒメが、四年滞在したという桑名野《くわなの》代宮《あいろのみや》の旧跡もこの地にある。多度山東麓の柚井《ゆい》遺跡は、日本で最初に木簡が出土した遺跡で、良港を意味する「大津」と書かれた木簡も見つかっている。

2

豊かなる地に討伐拠点

宮崎県川南町平田。蛇行しながら日向灘に注ぐ平田川の河口から約三キロの広々とした田の真ん中に、森と呼ぶには気がひけるほど小さな木立がある。「年の森」。尾張・尾津前をたった倭建命が上陸したと伝承される地だ。

「川は蛇行しているが、直線にすれば河口から一キロほどしかない。ここまでは緩やかな流れで、しかも見通しの利かない地形だから安全と考えたのでしょう」

約三〇〇メートル離れて鎮座する平田神社の永友敬人宮司はそう話す。同神社の祭神は日本武尊。十六代仁徳《にんとく》天皇の時代に地元の人々が、ヤマトタケルの徳を慕って神殿を建立したと伝わる。

平田川を隔てた小山は地御山と呼ばれる。ヤマトタケルが宮居とし、熊曽建討伐の拠点とした地である。

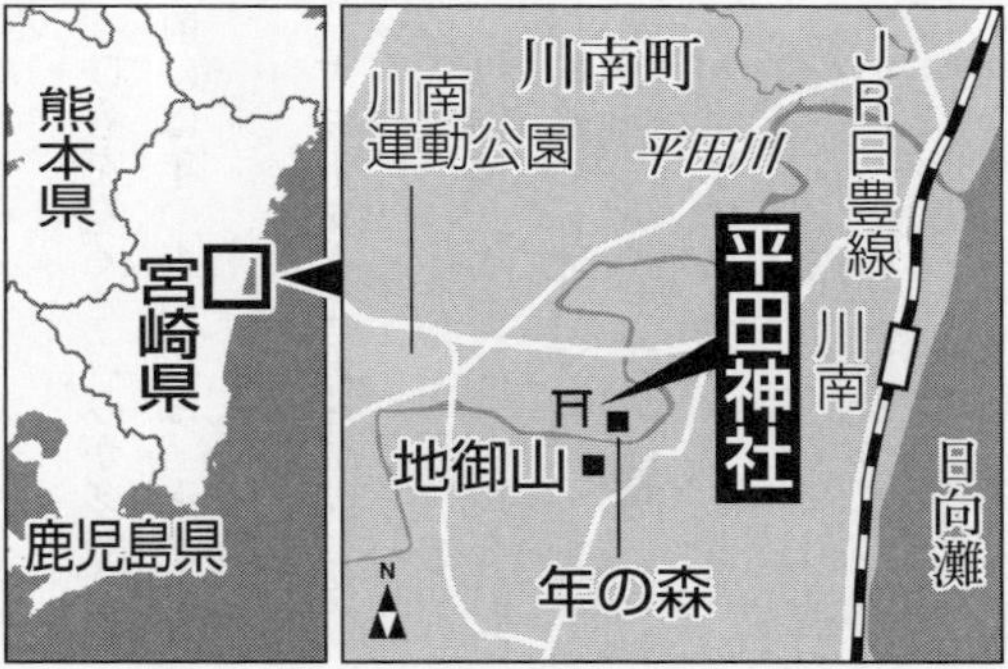

「ヤマトタケルは凱旋の際にも立ち寄ったと伝承されています。よほど地元の人々が歓待したのでしょうし、物資も豊かな地だったからでしょう」

物資、特に食糧が豊富な土地だったことは戦国時代の史料でもうかがえる。豊後・大友氏と薩摩・島津氏が激突した天正年間、大友氏は同神社に隣接する松原に必ず、陣を築いた。

「平田川は今も川南町の真ん中を貫流して農業を成り立たせている。江戸時代にも平田方百町歩といわれるほど米がよく取れた地。それが宮居を設けた理由でしょう」

元同町教育委員の高尾日出夫氏はそう話し、古代から漁業も盛んだったことを指摘する。昭和四十年代（一九六五～一九七四年）、網漁に使用したと考えられる石の錘《おもり》が多数発掘されたのである。

「ひもを巻くくぼみが多数あって、石器時代の網に使用されたと考えられる。二千年前には年の森周辺は、海が入り込んでいた可能性も高い」

ヤマトタケルの遠征時には、米だけでなく海産物にも恵まれていたという指摘である。

平田は、クマソタケルを討つために陸路を南下するにも好都合だった。ここから海岸線沿いに北上すれば、都農（宮崎県都農町）から美々津（同県日向市）に着く。都農は初代神武天皇が日向・高千穂宮から東征を始めた際、船出に備えて矢を研いだ地。美々津は船出した港である。

奈良時代には、ほぼ同じルートを南下して国衙《こくが》の西都原《さいとばる》につながる宮道が整備されていた。その先はかつての熊曽国だ。

「奈良時代、薩摩に至るにはこの道を抜けるしかなかった。交通の要衝だったことにもヤマトタケルは着目したのでしょう」

そう話す高尾氏は元海軍兵。昭和十八（一九四三）年の終わりに志願して出征した経験を持つ。出征前に参拝したのは平田神社だった。

「戦前は武運長久の神様として有名だった。ヤマトタケルを祭っているから、地元では戦死者も少ないといわれたものです」

永友宮司はそう話す。ヤマトタケルは武神として長く、人々の心にとどまっていたのである。

神武東征ルートとの相違点

ヤマトタケルの上陸地、宮崎県川南町は、神武東征の際の陸路の通過点に当たる。日向・高千穂宮（宮崎市）を出て大和・橿原宮で初代神武天皇となったカムヤマトイハレビコノミコトは途中、湯之宮神社（宮崎県新富町）で最初の軍議を開き、鵜戸神社（同県高鍋町）で国土平定を祈願し、都農で武備を整えた。

川南町は、高鍋町と都農町の間に位置する。神武天皇が出港地にさらに北の美々津を選んだのは、船材や船大工が豊富だったからといわれ、すでに船団を率いていたヤマトタケルは南下して上陸地を探した。

3 童女装い兄弟を討つ

鹿児島県霧島市の妙見温泉。温泉街には不似合いな苔《こけ》むした岩肌に「熊襲《くまそ》の穴」がある。看板にはこう書かれている。

〈昔、熊襲族が居住してた穴で、熊襲の首領、川上梟帥《かわかみたける》が女装した日本武尊に誅殺されたところ〉

川上梟帥とは古事記が記す熊曽建のこと。父、十二代景行天皇の命で西征した倭建命が、使命を果たした地はここだと、看板は紹介しているのである。

〈其の家の辺《ほとり》に、軍《いくさ》三重《みえ》に囲《あつま》り、室を作りて居り〉

古事記は、クマソタケルの住居についてこう書く。周辺に軍勢を三重に配した岩窟に居たというのだ。容易に攻め落とせないとみたヤマトタケルは、室の落成祝いの宴が催されるまで待った。

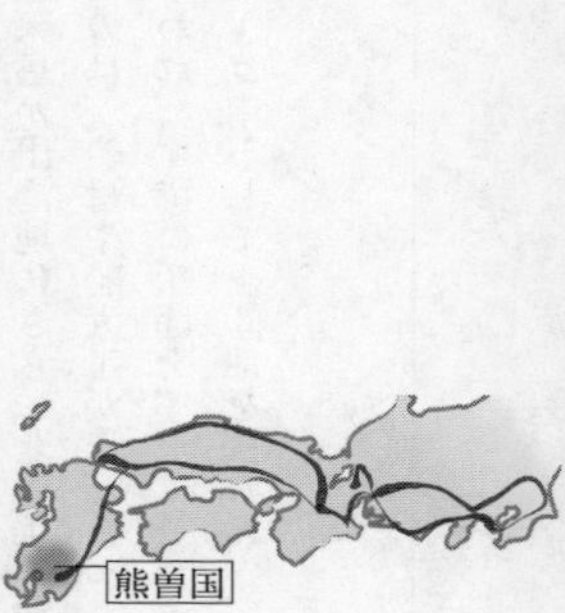

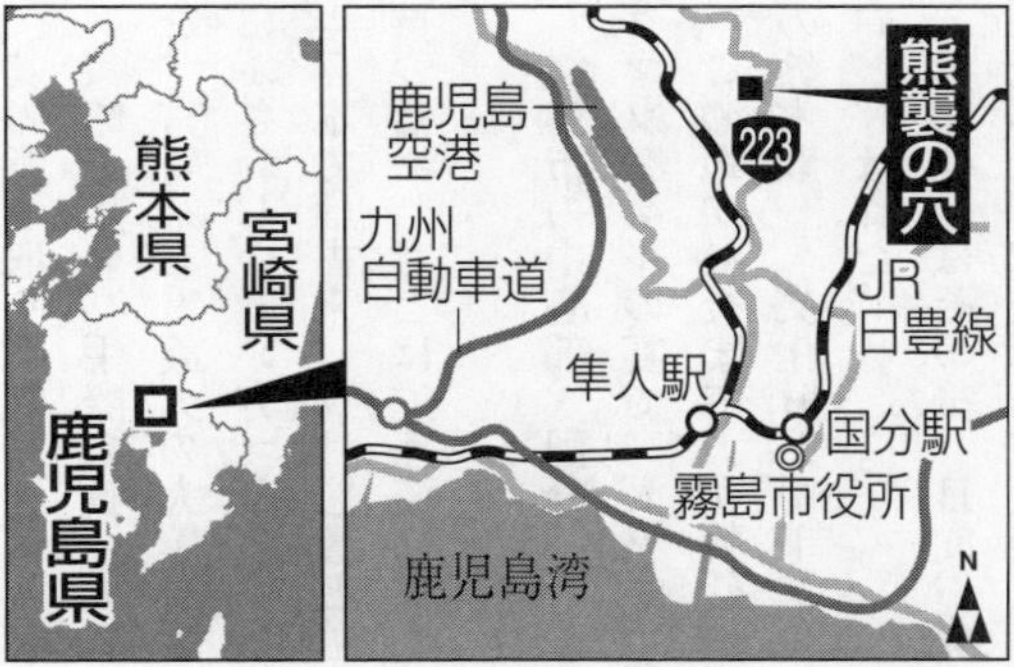

〈童女の如く、其の結《ゆ》はせる御髪を梳《けづ》り垂れ、其の姨《をば》の御衣《みそ》・御裳《みも》を服《け》し、既に童女の姿に成りて、女人の中に交り立ち、其の室の内に入り坐《いま》す〉

叔母のヤマトヒメから頂戴した衣服で童女を装い、堅陣に入ったのである。

〈其の嬢子《をとめ》を見咸《みめ》で〉と古事記は続ける。クマソタケルの兄弟は、かわいい娘と心惹《ひ》かれ、二人の間に座らせて酒盛りを続けた。その油断をヤマトタケルは見逃さなかった。

〈其の酣《たけなは》なる時に臨み、懐より劔を出だし、熊曽が衣の衿《くび》を取りて、劔を其の胸より刺し通したまふ〉

兄を討たれて驚いた弟が逃げ出したが、階段の下で捕まえた。

〈其の背を取りて劔を尻より刺し通したまふ〉

策略を用い、手際の良い太刀さばき。兄の大碓命を惨殺した時とは別人のような姿を、宮崎県立看護大の大館真晴教授は「王者に必要な知恵のある戦い方、武神とするにふさわしい戦い方」と評する。

「日本では古来、神は悪意と善意の両面を持つとされてきた。ヤマトタケルを、元来持つ猛々しさとは違う姿に描くことで、神に近い存在として描いているのでしょう」

霧島市の中心部、国分。ここには「拍子橋伝説の碑」と刻んだ石碑が立っている。クマソタケルの宴で、人々が手拍子をたたいていたことが名前の由来とされる。

「この地が最後まで大和朝廷に抵抗していたことは間違いないでしょう」と同市教委の鈴木順一・文化財グループ長は話す。熊曽国があった九州南部は、七世紀末まで日向と呼ばれた。

大和朝廷はその後、日向、薩摩、大隅の三つに分割した。国分は大隅の国府が置かれた場所で、後に「隼人《はやと》の乱」の舞台になる。

「最後まで畿内の文化、生活様式も受け入れなかったということではないか」

国分周辺に畿内型の前方後円墳がないことを根拠に、鈴木氏はそう言う。

「しかし、国分は大隅半島と薩摩半島の付け根にあたる交通の要衝。大和朝廷としてはここをなんとしても押さえたいと考えたでしょう」
その重責を果たしたのがヤマトタケルだったのである。

隼人の乱

奈良時代の養老四（七二〇）年、大隅の国司、陽侯史麻呂《やこのふひとまろ》が、大和朝廷の支配に抵抗する隼人によって殺害されたことに端を発した戦い。南九州では「隼人の抵抗」とも呼ばれる。

大和朝廷からは大伴旅人ら一万人の大軍が送り込まれた。しかし、隼人たちは七つの砦《とりで》を設け、一年以上にわたって抵抗し続けたと伝わる。

現在、城山公園として整備されている周辺は、かつて熊曽や隼人の居城があったとされる地。隼人の乱では、隼人たちが立てこもった最後の二城のうちの一つがあったといわれる。

4

「タケル」の名譲り受け

古事記は、倭建命の熊曽国遠征に重要な記述を含ませている。ヤマトタケルという名の由来である。

「汝命《いましみこと》は誰ぞ」

ヤマトタケルの剱に貫かれながらも、熊曽建兄弟の弟はそう問うた。ヤマトタケルは、大八洲《おほやしま》国を治める天皇の御子だと答え、天皇に服さない兄弟を討つために遣わされたと告げる。

〈「西の方に吾二人を除き、建《たけ》く強き人無し。然あれども大倭《おほやまと》国に、吾二人に益《ま》して建き男は坐《いま》しけり」〉

クマソタケルは、驕《おご》っていたことを嘆き、より強い男のいたことを認め、こう切り出す。

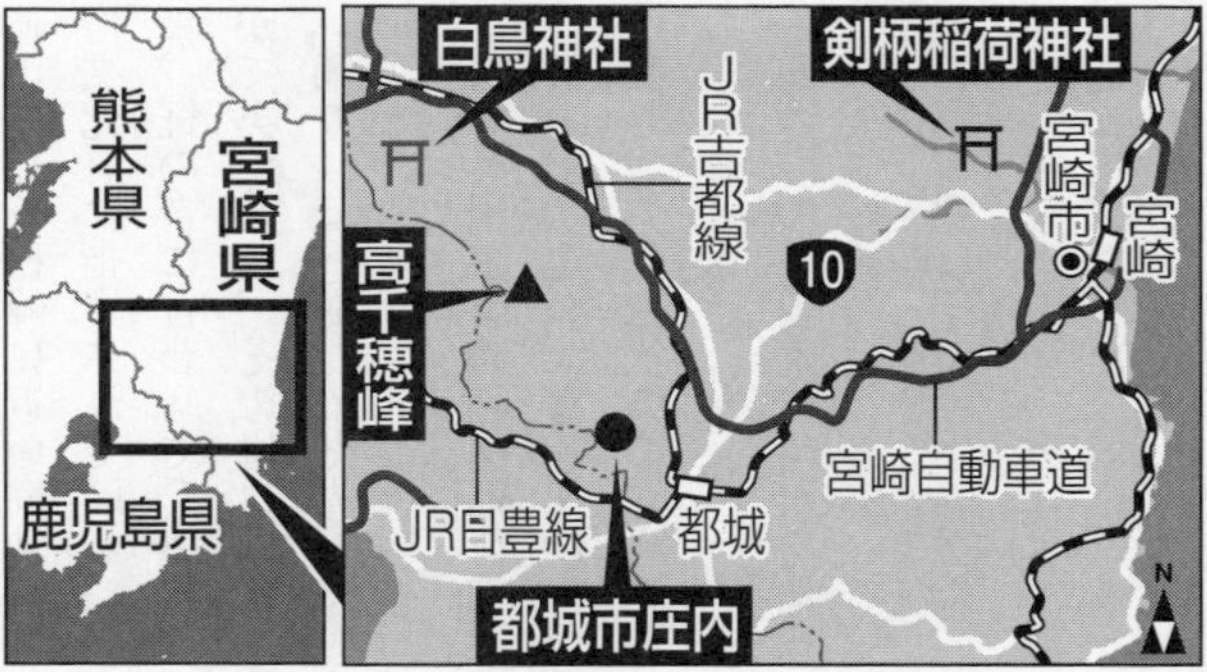

〈「是を以ち、吾、御名を献《たてまつ》らむ。今より以後、倭建御子と称《たた》ふべし」〉

　この記述の後、古事記は倭建命の表記で通す。古事記には、名前の由来が頻繁に登場するが、成敗した相手の名を自分のものとした例は他にない。

「タケルには猛々しいという意味がある。それを名乗る首長が率いる熊曽国の強大さがしのばれる」

　大阪市立大の毛利正守名誉教授はそう指摘したうえで、ヤマトタケルの心情をこう推測する。

「強敵を倒した自分は日本のタケルなのだ、と誇示する意味があったのではないか」

〽高い丘居《を》ら　熊襲じゃないか　鬼か鬼人かばけものか

　宮崎県都城市庄内町。天孫降臨伝説がある霧島連山・高千穂峰に近い同地区では、こんな歌詞の「熊襲踊り」が伝承され、県無形民俗文化財に指定されている。面をつけた男たちが竹で編まれた「バラ」をたたきながら、鉦《かね》の音に合わせて乱舞する。ヤマトタケルが女装して忍び込んだ宴の再現だ。やがて男たちは、その場に倒れ、ついには山のように折り重なる。

「踊りには、討たれた先祖に対する鎮魂の意味もあるのではないか」と保存会の椎屋新平会長は言う。

宮崎県国富町の剣柄《けんのつか》稲荷神社は、ヤマトタケルが討伐に使った剱を埋めたと伝わる古墳の上に建つ。宮永保俊宮司は、発掘された剱や槍《やり》を手に、こう話す。

「騙《だま》し討ちした後悔の念も抱いて、ヤマトタケルは、クマソタケルの霊を慰めたのかもしれません」

かつての熊曽国に当たる地域では今も、先祖への哀惜の念が深い。

日本書紀は、ヤマトタケルの父、十二代景行天皇も南九州に遠征し、六年間も日向にとどまったと記す。その間に地元の御刀媛《みはかしひめ》を妃に迎え、生まれた御子が日向国造《くにのみやつこ》の祖になった。

〽日本武の尊が艱難《かんなん》苦労あらせられ、国に邪魔する熊襲をお退治なされしお祝いに、

始めなされしこの踊り

熊襲踊りにはこんな歌詞もある。歌詞は近代になっても改変され、時代に応じて変化してきたという。

「大和政権が強敵、南九州を掌握していくには、さまざまな過程や方法が必要だったということでしょう」

宮崎県教育庁文化財課の北郷泰道《ほんごうひろみち》専門主幹はそう話す。

白鳥神社

ヤマトタケルは死後、白鳥となって飛び立ったとされる。日本各地に飛来地の伝説を持つ白鳥神社が存在するが、宮崎県えびの市の白鳥神社は最南部に位置する。

霧島連山・白鳥山の中腹、標高七三〇メートルに平安時代、性空上人によって開かれた。上人が山中で修行中、ヤマトタケルと称する老人に出会い、神社を建てるよう告げられたという。新宮敏郎宮司は「南九州はヤマトタケルがその名を名乗り始めた特別な地。武運長久の神として、薩摩の島津氏から厚い崇敬を受けたようです」と話す。

5 高度な文化 誇り今も

「是《こ》れ伏《まつろ》はず、礼无《ゐやな》き人等《ども》ぞ」

倭建命が討伐した熊曽（熊襲）に対して、十二代景行天皇はそう言った。その首長の住居は岩窟で、三重の軍勢に守らせるほど武威を誇った。首長の一人、弟の熊曽建は、自らを討ったヤマトタケルに名を贈るという作法を見せた。クマソとは一体、どんな勢力だったのだろうか。

一般には、肥後国球磨《くま》郡（熊本県）と大隅国贈於《そお》郡（鹿児島県）で勢力を持っていたとされる。古代球磨の中心と目される熊本県あさぎり町では、弥生時代の免田式土器が多数出土している。六世紀初めの才園古墳からは、中国南部で二～三世紀につくられたとみられる金メッキの銅鏡、鎏金《りゅうきん》神獣鏡も見つかった。

「土器の薄い部分を割らずに焼き上げる技術には目を見張る。鎏金鏡は日本に三枚し

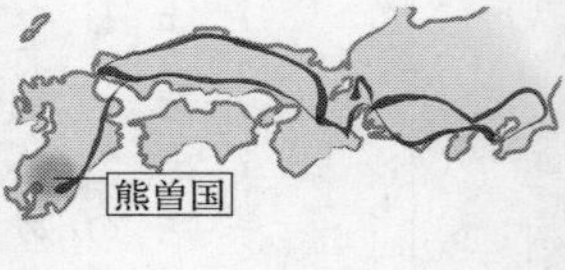

かなく、三世紀ごろにもたらされたとしたら、クマソが持っていただろう」

同町教委の北川賢次郎文化財専門員はそう話す。出土品からは、中国大陸とも交流した開明的な氏族の姿が浮かび上がる。

〈「其の鋒《ほう》当るべからずときく。少しく師《いくさ》を興《おこ》さば、賊《あた》を滅《ほろぼ》すに堪《た》へじ。多きに兵《いくさ》を動さば、是百姓の害《そこなひ》なり」〉

熊曽の勢力範囲

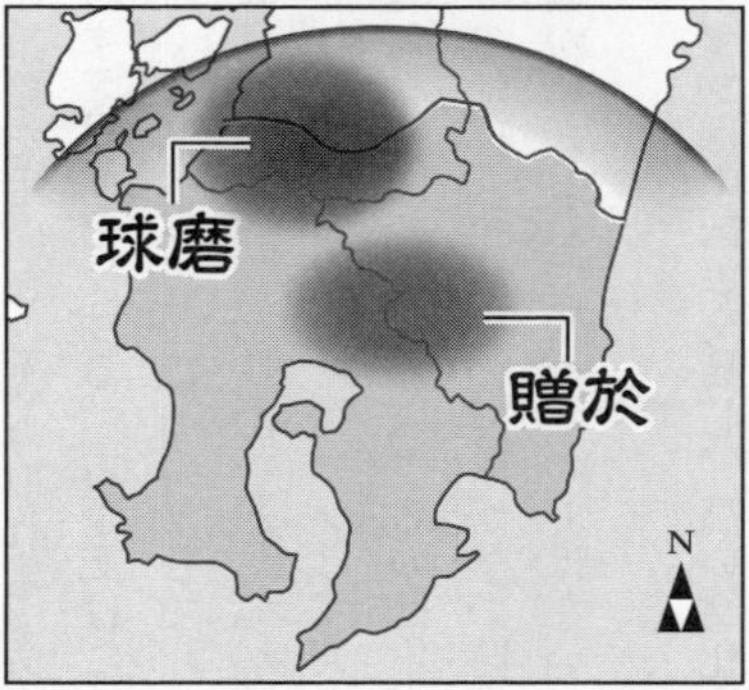

日本書紀は、ヤマトタケルの西征前に自ら九州遠征した景行天皇の言葉をこう記す。クマソには多くの猛者がおり、少々の軍勢では討伐できない。さりとて大軍を動員すれば、農民がいなくなって困るという苦悩の言葉である。

〈「何《いか》でか鋒刃《ほうじん》の威《い》を仮《か》らずして、坐《い》ながらに其の国を平《ことむ》けむ」〉

記紀を合わせれば、知恵でクマソを従わせようとした天皇の意向で、ヤマトタケルは女装の策略を用いたと読み取れる。クマソはヤマトタケルの子、十四代仲哀《ちゅうあい》天皇にも従わず、討伐を受ける。古事記はこの際、天皇が神意に逆らったため陣中で急死したと書くが、日本書紀は一説として、こう記している。

〈天皇、親《みずか》ら熊襲を伐《う》たむとして、賊の矢《や》に中《あた》りて崩《かむあが》りますといふ〉

それほど強大だったクマソは、天皇の妻、神功《じんぐう》皇后に討伐された時代以降、記紀から消える。代わりに登場するのは隼人。その理由を北川氏はこう推測する。

「この地に大和政権の熊県《くまのあがた》が早い時期にできたことを考えると、球磨側が服従し、贈於側が隼人として残ったのではないでしょうか」

〈クマソは中国と交易し、高い文化を誇っていた。魏志倭人伝で邪馬台国と対立した狗奴《くな》国の末裔を記紀はクマソと呼んだとみる〉

そんな説を持っていたのは同志社大の故森浩一教授だ。あさぎり町の山口和幸町議は旧免田町職員時代、森教授にアドバイザーを委嘱、平成五（一九九三）年にクマソ復権運動を本格化。この運動をテーマにしたドラマ制作にも取り組んだ。

「これだけの土器や鏡を持てる力のあった祖先に自信と誇りを抱き、地元を盛り上げようと思った」

クマソの子孫は今も誇り高き人たちである。

クマソ文化研究会

クマソの時代を学び、関連する出土品の保存・活用について考えるため、熊本県あさぎり町で設立準備が進み、平成二十八年四月から活動を開始。

クマソ復権運動は、旧免田町など五町村が合併してあさぎり町が誕生した平成十五年前後で下火になった。このため危機感を持った有志ら二十～三十人が参加。設立発起人代表で、元あさぎり町教育長の藤島紘陽さんは「クマソの子孫としての誇りを地元の活性化につなげたい。将来的には町外に散逸した出土品などを展示する施設整備もめざしたい」と話している。

ヤマトタケルの上陸地と伝承され、小さな祠がある年の森
（宮崎県川南町）本文 48 ページ

金メッキの銅鏡が出土した才園古墳。あさぎり町では、弥生時代の
免田式土器の出土も（熊本県あさぎり町）本文 60 ページ

第三章

出雲国

出雲建《いずもたける》を討つために、ヤマトタケルは偽りの友となり、水浴びに誘う。先に水から上がってイヅモタケルの大刀を木刀に替え、大刀合わせと称して切り殺し、そして歌った。

やつめさす　出雲建が　佩《は》ける大刀
黒葛《つづら》多纏《さはま》き　さ身無しにあはれ

1 瀬戸内の航路切り開く

〈然《しか》して還り上ります時に、山の神、河の神と穴戸《あなと》の神をみな言向《ことむ》け和《やは》して参上《まゐのぼ》りたまふ〉

九州の熊曽《くまそ》討伐に成功した後の倭建命《やまとたけるのみこと》について、古事記はそう書く。大和に帰還する途中で、山の神と河の神、穴戸の神を交渉で平定したというのだ。

古事記の記述はこれだけだが、日本書紀はさらなるヤマトタケルの活躍を記している。

〈「西洲《にしのくに》既《すで》に謐《しづま》り、百姓《おほみたから》事無し（西方の国はすでに鎮静して、人民は平穏に暮らしております）」〉

ヤマトタケルは、父の十二代景行《けいこう》天皇に熊曽討伐を報告した後、こう続ける。

〈「唯《ただ》し、吉備の穴済《あなのわたり》の神と難波《なには》の柏済《かしはのわたり》の神のみ、皆害《そこな》ふ心有りて、毒気を放ちて路《みちゆき》

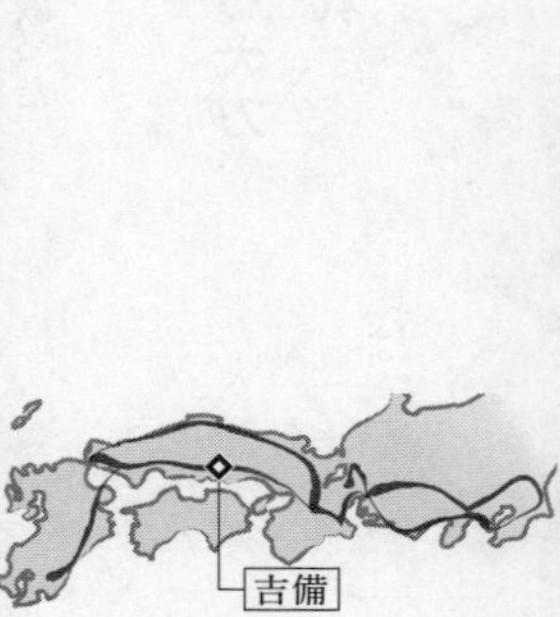

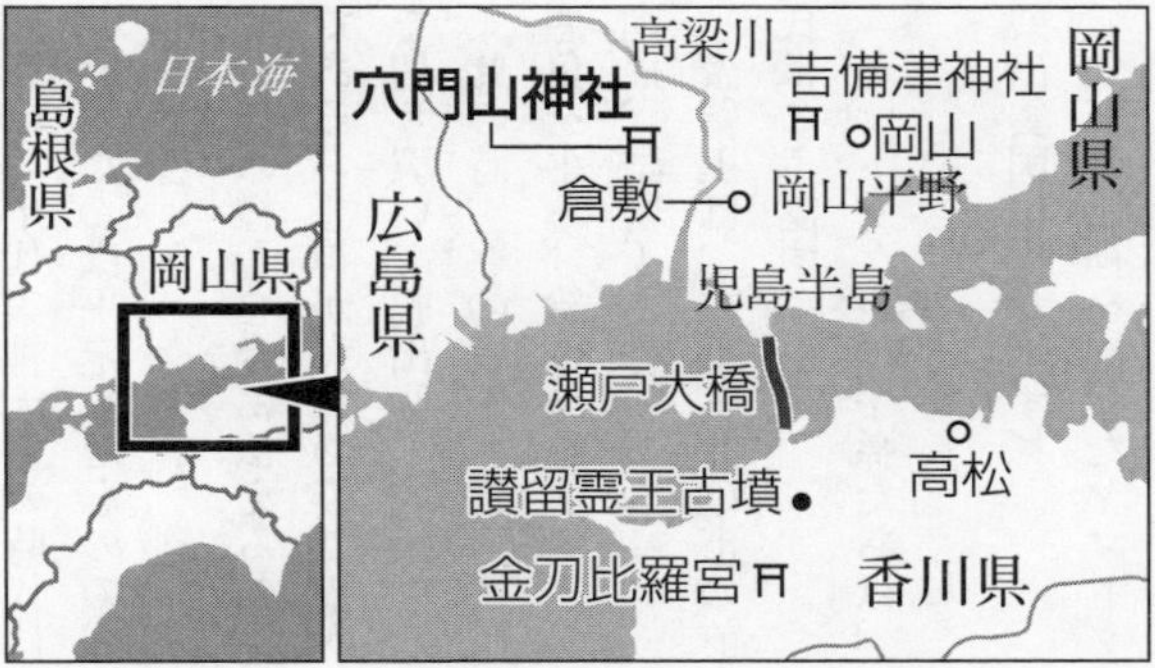

人《ひと》を苦しびしめ、並《ならび》に禍害《わざはひ》の藪《くら》と為《な》れり。故《かれ》、悉《ことごとく》に其の悪神を殺し、並に水陸《みずくが》の径《みち》を開けり」〉「吉備の穴済」が、古事記の書く「穴戸」と考えられる。岡山平野にかつて広がっていた「吉備の穴海」を指す。「難波の柏済」はかつて大阪平野に広がっていた河内湖。ヤマトタケルは、要所に巣くう集団を退治し、交通路を開いたと報告しているのである。

穴戸の神平定伝説が残る穴門山《あなとやま》神社は、岡山県倉敷市真備《まび》にある。主祭神は穴門武媛命《あなとのたけひめのみこと》。ヤマトタケルの后《きさき》と伝わる。

「穴門武媛命が父の吉備武彦とともに、ヤマトタケルに穴戸の神の討伐を頼んだと伝わっています」

神社の常任役員、石井久光氏はそう話す。吉備武彦は、十代崇神《すじん》天皇の時代に吉備を平定した吉備津彦の子だ。

「いったんは平定したものの、海賊の悪事を抑えきれず、ヤマトタケルに助けを求めたのでしょう」

討伐の様子を今に伝えるのは、江戸時代後期に発刊された『金毘羅参詣名所図会』である。悪神が大魚の姿で描かれ、ヤマトタケルは舟ごとのみ込まれるが、剣で魚腹を切り裂いて脱出し、成敗する。

〈此の時、尊《みこと》の后妃、穴戸武媛が男子を産み給ふ。これ武殼《ぶかく》王なり。尊は悦び給ひて悪魚を平らげ給ふ功を武殼王の勲《いさを》として、讃岐に留めて其の地を守らしめ給ふ。故に国民、讃留《さる》王と称す〉

讃留王は、香川県丸亀市の前方後円墳、讃留霊王《さるれお》古墳に眠る。郷土史家の桑島和茂氏はこう話す。

「ヤマトタケルの子孫たちは、瀬戸内の航路を守る役割を果たしてきたのでしょう」

〈出雲国に入り坐《いま》す〉

穴戸の悪神を倒したヤマトタケルの次の行動を古事記はそう書く。記紀を併せ読めば、ヤマトタケルは吉備から北上し、出雲に入ったことになる。

「このルートの高梁《たかはし》川流域は、出雲など山陰系の土器が点在し、弥生時代後期から古墳時代にかけて、吉備と出雲の往来が盛んだったことがわかる」

岡山県古代吉備文化財センターの米田克彦研究員はそう話す。その道をたどって、ヤマトタケルは次なる戦いに向かったのである。

吉備の穴海

児島半島の北側に広がる岡山平野にかつて存在した海。外海と隔てられた穏やかな内海で、東西四〇キロに及んだ。ヤマトタケルが活躍した四世紀、沿岸部には大和政権の影響を示す前方後円墳が盛んに造られ、重要な航路だったことがわかる。

古事記の国生み神話で誕生する島の一つに「吉備の児島」がある。児島半島はかつて、穴海の南に浮かぶ島だった。高梁川、旭川、吉井川の三河川が運ぶ土砂や、中世以降の干拓で陸続きになった。岡山大が当時の海岸線の解明を進めている。

2 知略尽くし油断を誘う

〈出雲建《いづもたける》を殺さむと欲《おも》ひて、到るすなはち友《ともかき》を結《むす》びたまふ〉

倭建命の出雲入りの目的と最初の行動を、古事記はそう記す。出雲の実力者を殺そうとしてまず、親しい友人になったというのである。そしてある日のこと——。

〈共に肥河《ひのかは》に沐《かはあみ》す〉

ヤマトタケルはイヅモタケルを水浴びに誘った。場所は出雲平野を流れ、宍道《しんじ》湖に注ぐ斐伊《ひい》川。先に上がったヤマトタケルは、刀を換えようと持ちかけ、イヅモタケルの大刀を帯びて、こう言った。

「いざ刀《たち》合はせむ」

イヅモタケルは大刀を抜けなかった。ヤマトタケルの大刀は、赤檮《いちひのき》で作った詐《いつは》りの刀、つまり木刀だったのである。焦るイヅモタケルを、ヤマトタケルはためらいもな

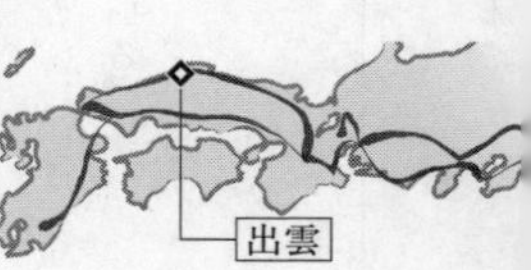

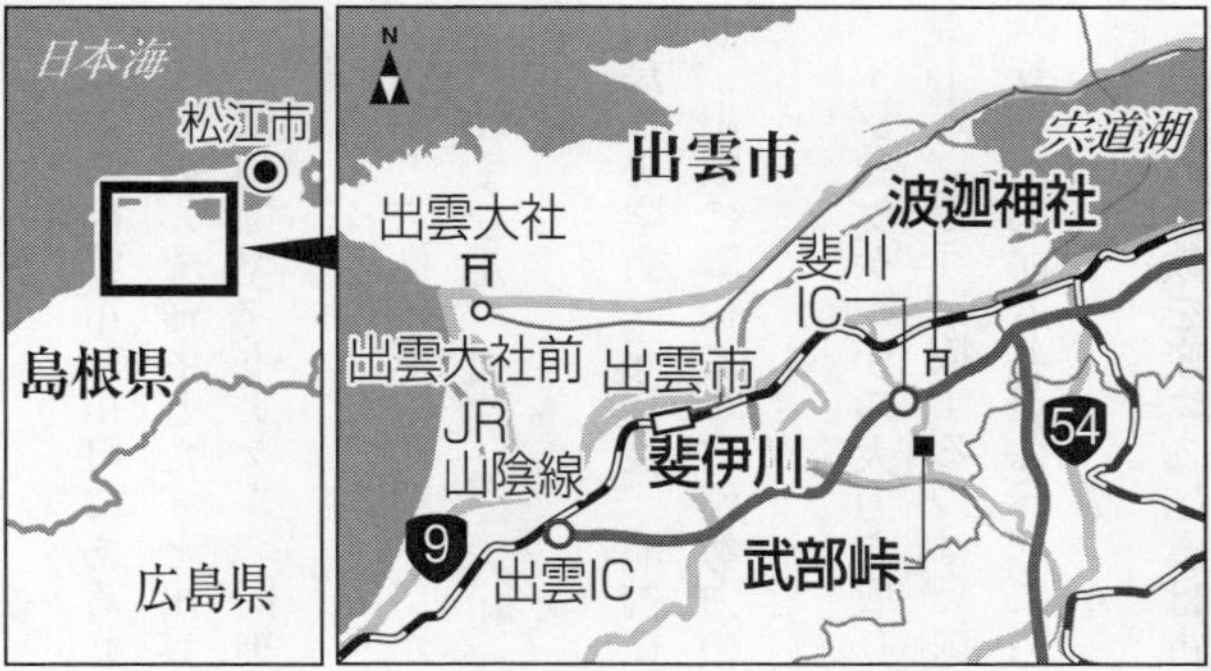

く斬り殺した。

童女を装って果たした熊曽討伐。出雲で相手の油断を生んだのは、偽りの友情だった。ヤマトタケルの策略は一層、冷血さを増したように感じる。

「古代、知恵を使って、劣る相手を討ち取ることは誇らしいこととみなされたのです。動物に罠を仕掛けても卑怯とみなされないのと同様のことだったのでしょう」

『戦場の精神史』などの著書がある青山学院大の佐伯真一教授は、現代人とは全く違う倫理観を古事記に読み取る。古事記は出雲を舞台に、須佐之男命《すさのおのみこと》がヤマタノオロチを泥酔させて退治する神話も載せている。ヤマトタケルの記述は須佐之男命と同様、土着の勢力より圧倒的な知略があったことを強調しているのではないか。そういう指摘である。

島根県出雲市斐川町にある武部《たけべ》という集落は、十二代景行天皇が御子のヤマトタケルをしのんで命名した、と出雲国風土記が記す土地だ。集落の奥に鎮座する波迦《はか》神社の主祭神はヤマトタケル。同神社の裏山は武部峠につながり、下った先に斐伊川が流れる。

「大和と吉備の軍勢が斐伊川から武部峠を越え、出雲に攻め込んだ史実があったのかもしれません。武部は、大和が出雲に打ち込んだくさびだったのではないでしょうか」

島根史学会の元会長、池橋達雄氏はそう話す。ヤマトタケルの母、伊那毗能大郎女《いなびのおおいらつめ》が、出雲に隣接する吉備勢力の血を引いていることも推論を裏付ける。

イヅモタケルから大刀を取り上げ、木刀を与える策略は、策略以上の意味を内包する――。そう指摘するのは島根県立大短期大学部の山村桃子講師である。

「鉄の刀の所有者が交代した記述によって、権力の移行を示したともいえるでしょう」

良質の砂鉄を産する出雲は古くから「踏鞴《たたら》」という和式製鉄が盛んな国。その国が完全に、大和政権の支配下に入ったことを示唆しているのがイヅモタケル討伐の物語なのだ。

ヤマトタケルはその後の東征で、ヤマタノオロチの尾から見つかった草薙《くさなぎ》の剣を携行する。ここにも出雲の「武」が垣間見える。

踏鞴製鉄　斐伊川に土砂堆積

ヤマトタケルとイヅモタケルが水浴びした斐伊川の景観は、当時と今では大きく異なる。踏鞴製鉄は原料の砂鉄を採取するため、大量の土砂を流す。堆積した土砂で下流は天井川となり、洪水や治水工事によって流路が変わった。今は出雲平野で東流して宍道湖に流れ込むが、江戸時代以前は西流して日本海に注いでいた。

二人の水浴びは、体を清める禊《みそぎ》に通じる。古事記による禊の最初は、黄泉の国から帰ったイザナキノミコトが行ったもので、〈沐す〉の記述は古代人の習慣を伝えている。

3 歌謡に秘められた敬意

〈やつめさす　出雲建が佩《は》ける大刀　黒葛《つづら》多《さは》纏《ま》き　さ身無しにあはれ〉

刀を木刀に代える策略でイヅモタケルを倒した後、倭建命はそう歌ったと古事記は記す。やつめさすは、多くの芽が自然に生えるという意味。出雲にかかる枕言葉で、それほど豊かな出雲の支配者の大刀なのに、蔓《つる》ばかり幾重にも巻く飾り鞘《さや》で刀身がなく、ああおかしい、といった歌である。

「敵を倒せば、大喜びして笑う。その気持ちを託すのが古代の戦闘歌謡で、ヤマトタケルの歌はその型にのっとった、当時としては当然のものでしょう」

立命館大の藤原享和《たかかず》教授はそう話し、同様の例としてカムヤマトイハレビコノミコト（初代神武天皇）が東征の際、大和・忍坂《おしさか》の敵を酒宴の計で討ち取った際の様子を挙げる。その場面を日本書紀はこう書く。

〈皇軍《みいくさ》大きに悦び、天を仰ぎて咲《わら》ふ。因《よ》りて歌ひて曰く、今はよ　今はよ　ああしやを　今だにも　吾子《あご》よ　今だにも　吾子よ〉
今はもう、敵を討ち取ったぞ。ああ馬鹿者め。今だけでも皆の者、ああ喜ぼうぞ――。そう歌っている。

「記紀は、笑うに『咲』という字を当てている。笑うことで何かが生まれる、芽が伸

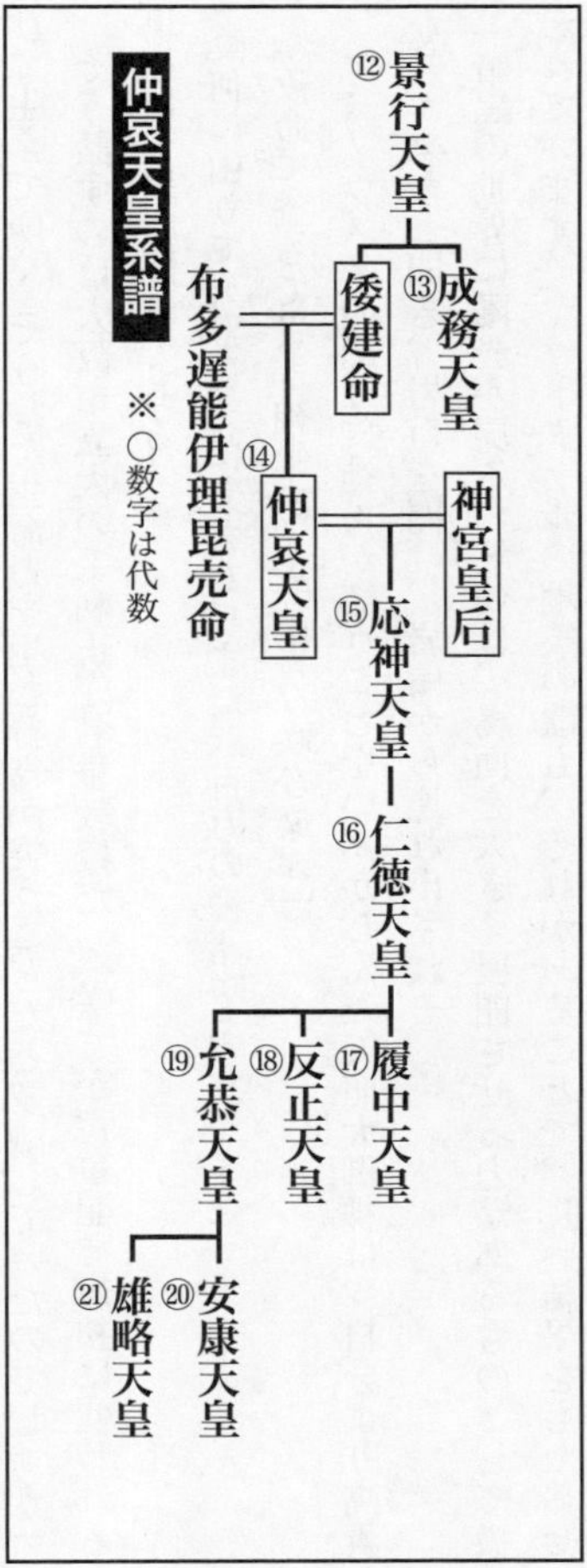

びて生えてゆく。そうした生命力を生む行為が笑うことだと認識していたのでしょう」

そう話すのは大阪市立大の毛利正守名誉教授だ。『咲』が古事記で最初に使われる場面は天岩屋《あめのいわや》隠れである。

〈「何に由《よ》りて天宇受売《あめのうずめ》は楽《あそび》を為《し》、また八百万の神諸《もろもろ》咲ふ」〉

〈「汝命《いましみこと》に益《ま》して貴き神坐《いま》す。故歓喜《よろこ》び咲ひ楽《あそ》ぶ」〉

アメノウズメの踊りに神々が笑うことをいぶかしんだ天照大御神《あまてらすおおみかみ》は、自分より高貴な神が来たと聞き、岩戸を開け、岩屋から連れ出される。

「暗黒の世界に陽光が戻る。笑いは、場面を大きく展開させる力があるものとして扱われています。ヤマトタケルの嘲笑の歌も、それがあることで、良い結果をもたらせたものとして策略を是認する効果を持っています」

古事記のヤマトタケルの記述には、十五の歌謡が添えられている。遠征先の老人や新たな妻との問答歌や有名な思国歌《くにしのひうた》、御子たちが歌った葬儀の歌など、種類も多彩だ。「歌が読み込まれることで、記述が文学的になる。歴史が文学として読めるようになり、ヤマトタケルの一生を感動的なものとして伝えている」

藤原教授はそう話し、手厚い記述の理由をこう推測する。

「ヤマトタケルがすべての天皇の祖先だからでしょう。十三代成務《せいむ》天皇は弟ですが、十四代仲哀《ちゅうあい》天皇からはすべてヤマトタケルの血統となる。そのことに敬意が払われているのでしょう」

遠征に次ぐ遠征でついに皇位に就くことなく散ったヤマトタケルだが、その功績をたたえる作意が記紀には満ちているのである。

日本書紀が描く謀略

日本書紀には、ヤマトタケルの出雲討伐の記述はないが、十代崇神天皇の時代によく似た騙《だま》し討ちを記している。

出雲振根《いづものふるね》は自分の管理する神宝を、弟の飯入根《いひいりね》が大和政権の求めに応じて勝手に献上したことを恨み、謀殺する。木刀を準備して弟を水浴びに誘い、水浴びの後に弟の大刀を手にし、木刀を取った弟を難なく殺した。

同じ出雲で同じ筋書き。ヤマトタケルの国固めを語る古事記に西の大国、出雲国を平定した場面が必要と判断し、組み入れられたとする説もある。

4

先祖神に守られ国固め

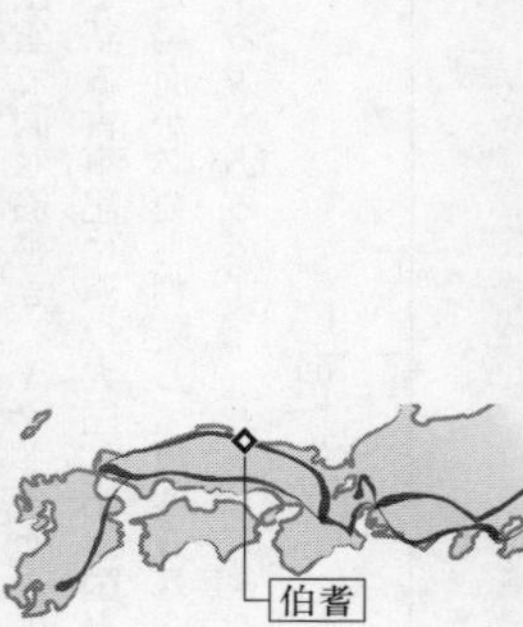

出雲建を討った後、倭建命の消息を伝えるのが宮崎神社（鳥取県北栄町）である。神社の由緒はこう伝えている。

〈日本武尊西征ノ御時、北海ノ霪風御艦ヲ悩マシ奉リシガ、不思議ノ神助ニテ御艦引寄スルガ如ク本社地乾《いぬい》ノ隅ニ着御給ヘリ〉

ヤマトタケルの舟は嵐に襲われたが、神の加護で神社の北西方向に、引き寄せられるかのように着いた、というのだ。

神社の主祭神は、イザナキノミコトとイザナミノミコト。社史では、七代孝霊《こうれい》天皇の皇子がこの地に二柱を祭ったと記されている。十二代景行天皇の御子であるヤマトタケルは、先祖の創建した神社に救われたのである。

伝承では、ヤマトタケルは大変喜んで、自身で飯を炊いて供え、二神に厚くお礼を

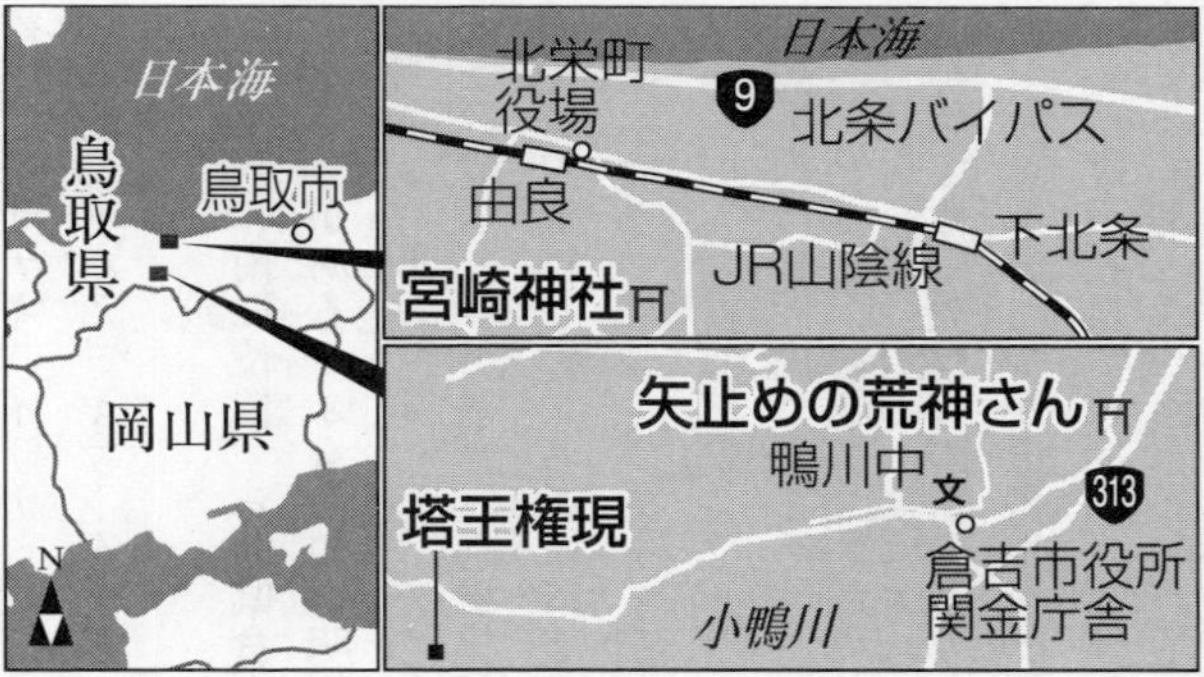

したと伝わる。境内のその場所は「飯の山」と呼ばれる。

「記紀の中でヤマトタケルはいろいろな神を鎮めるが、海の神には力が及ばない傾向がある。宮崎神社の伝承はその一例でしょう」

国学院大の谷口雅博准教授はそう指摘する。海に苦しむヤマトタケルは東征の際、走水《はしりみず》の海（浦賀水道）を渡る時に象徴的に書かれている。

〈其の渡の神、浪を興《おこ》し、船を廻らし、え進み渡らず〉

この時は后《きさき》のオトタチバナヒメノミコトが自ら身を投じ、海を鎮めた。同神社の伝承は、後の東征の苦労を予告しているようで、興味深い。

「イザナキ、イザナミは瀬戸内沿岸でよく祭られているが、日本海側では珍しい」と谷口准教授は言う。イザナキ、イザナミは国土を造った国生みの神。イザナキは皇祖神、天照大御神の親でもある。ヤマトタケルの国固めは、先祖神に守護されながら進んだのだ。

北栄町の南に位置する同県倉吉市生竹。集落の片隅の小さな山の上に「矢止めの荒神さん」がある。ふもとの説明板にはこう書かれている。

〈日本武尊西国平定の道すがら矢筈山に登り、山頂より東北に矢をつがえ「この矢の止まる限りをわが守護の地とならん」と、矢を放ち給えば東北なる二里余りの小鴨村加茂河内生竹と称する所に落下せり〉

伝承はさらに続く。矢をつかんで止めたのは、この地を治めていた荒神様だった。さらに、「貴き神の矢なるべし」と、この矢を丁重に投げ返した——。

矢筈山は、大山のすぐそば、同市関金町にある。ヤマトタケルが矢を放ったとされる場所は「塔王権現」と呼ばれ、石祠と石塔が残る。

「神話では、矢は神の化身とみられる場合も多い。土地の神が受け止めたという伝承は、ヤマトタケルがその地を支配したという意味を持つと考えられるのでは」

谷口准教授はそう話す。古事記は、西征の帰路を全く示していないが、鳥取県の伝承は「国固め」の足跡を物語性とともに、今に伝えている。

権現

日本の神の神号（尊称）の一つ。仏教の仏が、仮の姿で現れたものとする「本地垂迹《ほんじすいじゃく》思想」による神号で、神仏習合思想が広まる中で現れてきた。しかし、明治元年の神仏分離令で使用が禁止された時代もある。

「権」という文字は「臨時の」「仮の」という意味で、仏が「仮に」神の形をとって「現れた」ことを示す。有名なものに、熊野三山の祭神「熊野権現」や「白山権現」「春日権現」などがある。

ヤマトタケルを祭る権現は、多くが「白鳥権現」と呼ばれ、全国各地に存在する。

5 強大なる海の民を制す

〈健《たける》（建）部《べ》の郷〉

七二ページで紹介した武部（島根県出雲市斐川町）という地名は、出雲国風土記ではこう記される。

〈「朕《あ》が御子《みこ》、倭健命（倭建命）の御名《みな》を忘れじ」〉

十二代景行天皇がそう語ったことが地名の由来。日本書紀は、ヤマトタケルの死後のこととして、天皇の意向をこう書いている。

〈功名《いさをしきみな》を録《つた》へむとして、即ち武部《たけるべ》を定む〉

武部とは勇猛な人の部、つまり軍事的職業集団のことだ。ヤマトタケルの功績を後世に伝えるために名付けられた集団が、出雲国にも居住したことが、二つの書物から読み取れる。

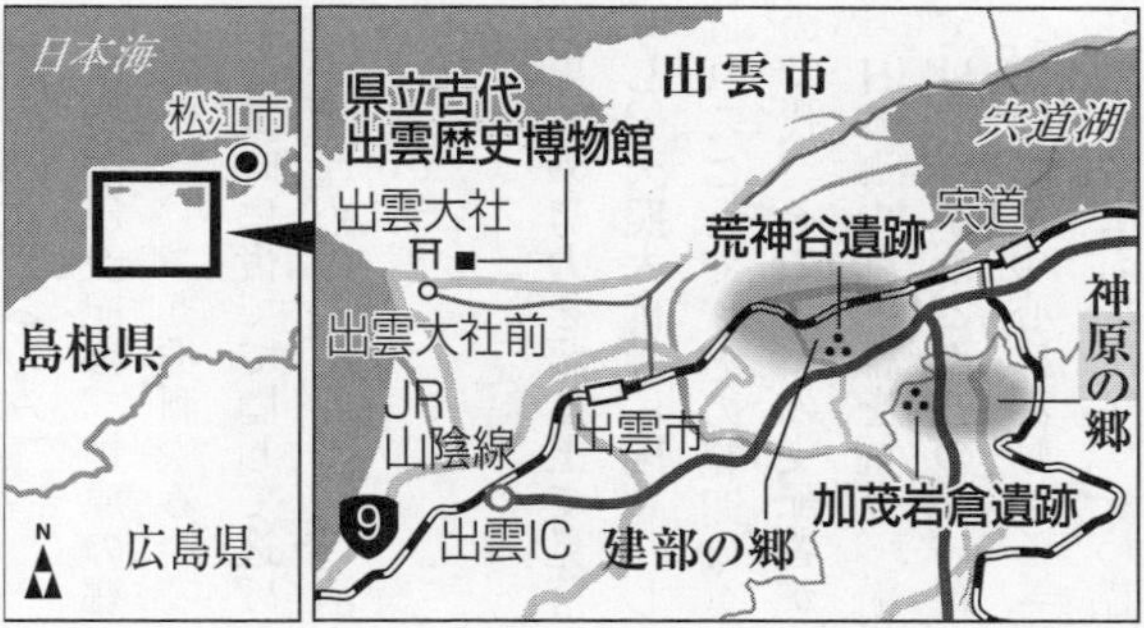

「ヤマトタケルが非常に大きな功績を挙げた証拠。裏を返せば、討たれた出雲建が相当に抵抗したということで、苦労して出雲を従えたことを暗示している」

島根県立大短期大学部の藤岡大拙名誉教授はそう指摘する。

昭和五十九年から六十年にかけて、銅剣三百五十八本と銅鐸六個、銅矛十六本が整然と並んだ状態で見つかった荒神谷遺跡は、建部の郷にある。平成八年には隣接する神原の郷（同県雲南市加茂町）で、銅鐸三十九個を埋納していた加茂岩倉遺跡が見つかった。直線距離で約三キロ。両遺跡の関係は不明だが、古代出雲国に強大な勢力が存在したことを裏付ける。

〈天《あめ》の下所造《したつく》らしし大神《おほかみ》の御財《みたから》を積み置き給ひし処なり。則ち神財《かむたから》の郷と謂ふ可《べ》きを、今の人猶《なほ》誤りて、出雲国風土記は、神原の郷の由来をこう記す。出雲市立荒神谷《こうじんだに》博物館館長でもある藤岡氏は、こう推測する。

「敗戦時に慌てて隠して逃げたような乱暴な埋め方ではない。信仰の対象を保管していて、埋めた人がどこかへ消えた。そこにイヅモタケルの敗北が関係していたのかもしれない」

出雲の勢力を語る上で見落とせないのが大国主命である。古事記では、最初に国造りし、天照大御神に国譲りした神と書かれる。大国主命《おおくにぬしのみこと》の国造りは、各地の女神と結ばれることで、その範囲は東は越（越後）、西は宗像（筑紫）に及ぶ。ヤマトタケルの時代、その出雲の支配者がイヅモタケルだったのである。

「日本海の制海権を握り、沿岸に一大勢力圏を誇っていた出雲国は、大和政権にとっては、つかみどころのない存在だったのでしょう」

島根県を中心に活動する「風土記を訪ねる会」の川島芙美子代表は、出雲国のネットワークに注目して、そう話す。

「出雲を少したたいたくらいでは、日本海沿岸のつながりは絶てない。海の民の中心に楔《くさび》を打つ意味で、出雲国に建部を置いたのではないでしょうか」

藤岡氏はイヅモタケルを「出雲で大和政権と最後に戦った勢力」と考える。神話が語る国譲りを補完するヤマトタケルの遠征は、イヅモタケルを謀殺することで、大きな戦いを回避できた。二つの遺跡の埋蔵物は、そんな推論も可能にする。

出雲国風土記

奈良時代、全国六十余りあった国に地名の由来、特産物、伝承などを報告するよう求めた官命に基づいて、現在の島根県東部、出雲国について編纂《へんさん》された地誌。天平五（七三三）年に完成した。全国の風土記で唯一、ほぼ完全な形で残っている。

都から派遣された役人の国司ではなく、出雲豪族の出雲国造、出雲臣広島という人物が編纂したため、地元出雲からの視点が多く盛り込まれているのが特徴。記紀にはない国引き神話などが記されており、古代出雲国の謎に迫る基本文献となっている。

真備の集落を見下ろす山の上に建つ穴門山神社。穴戸の神平定伝説が残る
（岡山県倉敷市）本文 67 ページ

出雲をたった後の足跡を伝承
する宮崎神社（鳥取県北栄町）
本文 78 ページ

第四章

父と叔母

ヤマトタケルの父、景行天皇は、西征から帰ったヤマトタケルに休むまもなく東征を命じた。伊勢の叔母の元に立ち寄ったヤマトタケルは初めて、心の奥底の叫びを挙げ、叔母は何も言わずに草那芸釼《くさなぎのたち》を授けた。

天皇既に吾の死ぬことを思ほす所以《ゆゑ》か、何ぞ

1 東征 命じられた難業

〈「東の方十二道《とをあまりふたみち》の荒ぶる神とまつろはぬ人等を、言向け和平《やは》せ」〉

西征して熊曽建《くまそたける》と出雲建《いづもたける》を討った倭建命《やまとたけるのみこと》に対して、父の十二代景行《けいこう》天皇はそう命じた、と古事記は記す。東の方十二道とは、大和から見た東方諸国のことで一般に、尾張の東から陸奥までを指すといわれる。その広大な地域の荒れて従わない神、服従しない民を従わせ、平定せよというのである。

〈吉備臣《きびのおみ》等が祖《おや》、名は御鉏友耳建日子《みすきともみみたけひこ》を副《そ》へて遣はす時に、比々羅木《ひひらぎ》の八《や》尋矛《ひろぼこ》を給ふ〉

天皇は、ヤマトタケルの義兄を副将とし、呪力があるとされる王権の象徴、柊の長い矛を与えた、と古事記は書く。

日本書紀はさらに、天皇の言葉として当時の遠征先の印象をこう書いている。

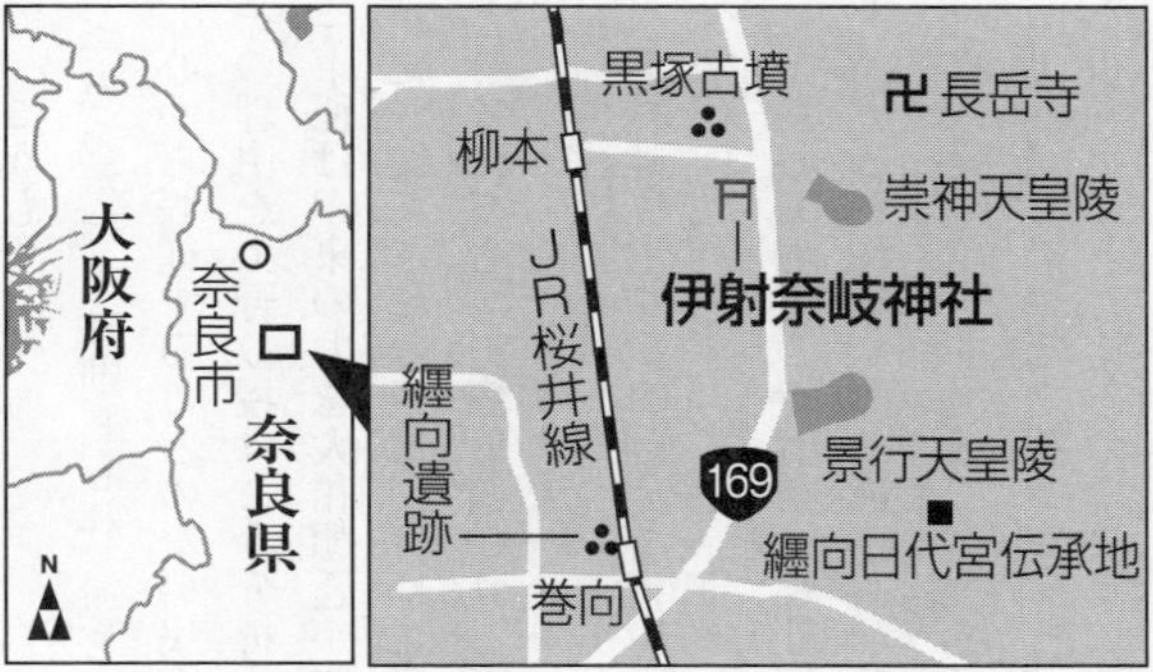

〈其の東夷《あづまのひな》は、識性暴強《こは》く、凌犯《りょうはん》を宗と為す。村に長《おさ》無く、邑《むら》に首勿《かみな》し。各封堺《さかい》を貪りて並に相盗《か》略《す》む〉

　凶暴で侵犯することを専らとし、村に長はおらず、境界を奪い合って互いに略奪している――。ひと言でいえば、無法地帯だと見ているのである。

「東の国々は中華思想の『化外の民』として記述されている。自らを価値が高いとし、外側の文明との落差を描いています」

　書紀の記述について、奈良大の上野誠教授はそう話す。東の方十二道は十代崇神《すじん》天皇の時代、皇族の建沼河別命《たけぬなかはわけのみこと》が派遣され平定している。二代あとの天皇の東征命令は、その地が再び背いたことを伝えている。

　書紀で天皇は「東夷の中に蝦夷《えみし》は」と前置きし

て、こうも語る。

〈「恩を承《う》けては則ち忘れ、怨《あた》を見ては必ず報ゆ」〉

心から服従することのない民がいる地域へ、ヤマトタケルは派遣されたのである。

その理由を上野教授はこう分析する。

「東征は、東の力を大和朝廷が取り込むことがメインテーマで、ヤマトタケルの使命。記紀が編纂《へんさん》される後世、唐や新羅に国が滅ぼされかねない危機的な国際情勢になることを考えても、野蛮と描かれる東の力が必要だったのです」

〈弟橘比売命《おとたちばなひめのみこと》を妃に迎えて間もない尊《みこと》は、我が身を按じ当神社で戦勝祈願をして伊勢へ出立した〉

奈良県天理市の伊射奈岐《いざなぎ》神社には、東征に出るヤマトタケルの伝承が残る。日本最古の道とされる「山の辺の道」近くに立つ同神社は、正面に崇神天皇陵がそびえ、付近には景行天皇陵もあるなど、大和朝廷と縁が深い地にある。

「ヤマトタケルが子供のころ、この周辺で生活したり、東征前に神社を参拝して無事を祈ったりと考えるのは決して荒唐無稽なことではない」

笠松健宮司はそう話す。伝承では、ヤマトタケルは妻のオトタチバナヒメと一緒に祈願した。オトタチバナヒメは後に、荒れ狂う海に苦しむヤマトタケルを救おうとして、自ら入水して海神を鎮める。伝承は、困難を極める東征を前にしたヤマトタケルの心境をも伝えているように読める。

山の辺の道

日本書紀の崇神天皇陵について書かれた箇所に〈山辺道上陵《やまのへのみちのへのみささぎ》に葬りまつる〉という表記で登場し、日本最古の道とされる。現在は、石上神宮（奈良県天理市）から大神《おおみわ》神社（同県桜井市）までの長さ約一二キロがハイキングコースになっている。

周辺には崇神天皇陵や景行天皇陵のほか、高野山真言宗の長岳寺などがある。同寺の山号は釜の口山で、一説にはヤマトタケルの十男・釜見王にちなんだともいわれる。伊射奈岐神社付近の黒塚古墳からは三角縁神獣鏡三十三面が出土し、邪馬台国畿内説が注目されるきっかけともなった。

2 料理人も随従 文化誇示

御鉏友耳建日子という名の副将と、比々羅木の八尋矛。東征に旅立つ倭建命に、父の十二代景行天皇が与えたものを、古事記はそう記す。日本書紀はさらに二人の名を挙げる。

〈天皇、則ち吉備武彦と大伴武日連《おほとものたけひのむらじ》とに命《みことおほ》せて、日本武尊に従はしめ、亦七掬脛《ななつかはぎ》を以《も》ちて膳夫《かしはて》としたまふ〉

吉備武彦は古事記が書く御鉏友耳建日子で、他にタケヒノムラジとナナツカハギが付き従ったというのである。二人は、神武天皇の東征で忠臣として活躍した道臣命《みちのおみのみこと》（大伴氏の祖）と大来目命《おおくめのみこと》（久米氏の祖）の子孫。神武天皇の大和での即位後、道臣命が与えられた「築坂邑《つきさかのむら》」、大来目命が与えられた「来目邑」はいずれも、畝傍《うねび》山の南方一帯が伝承地。大来目命を祭る久米御縣《くめのみあがた》神社（奈良県橿原市久米町）も鎮座する。

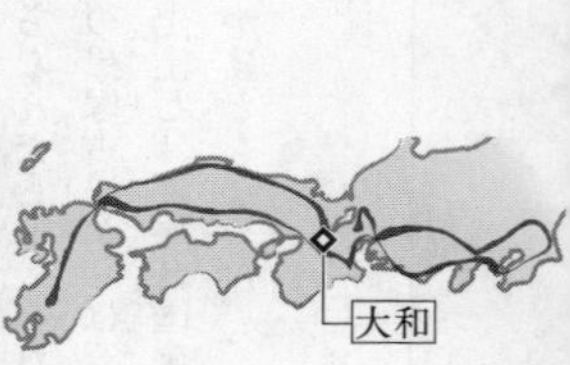

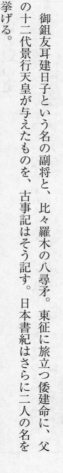

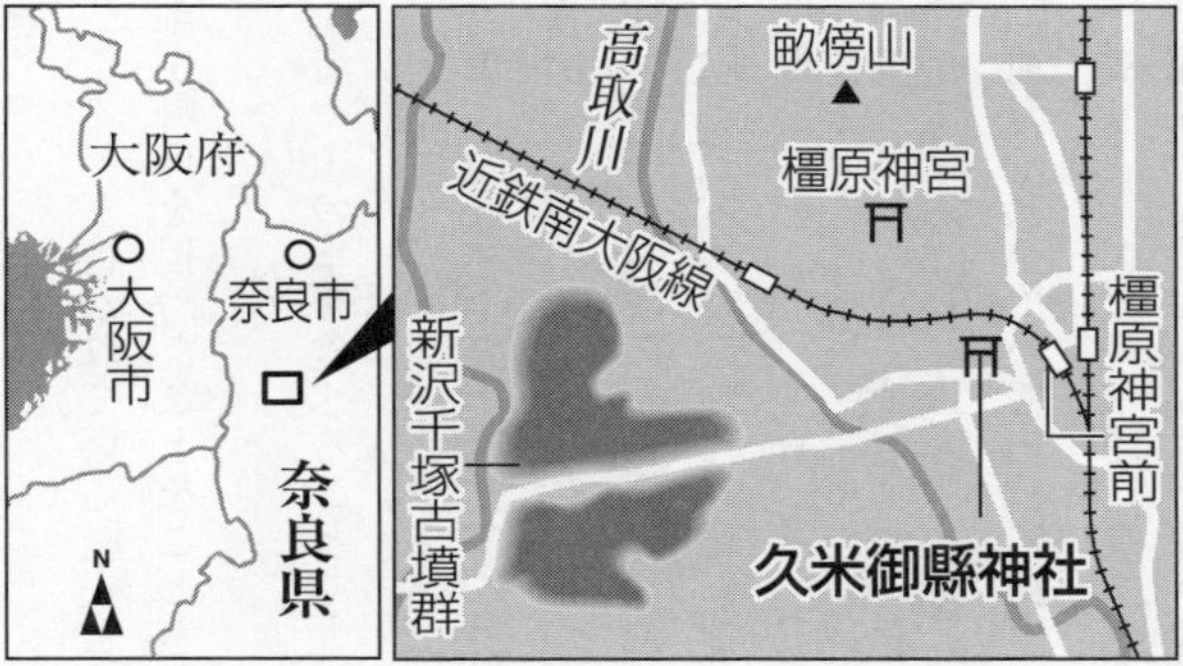

「タケヒノムラジとナナツカハギは居住地が近く、親戚関係と考えられる」

古代氏族研究家の宝賀寿男氏はそう指摘する。居住域の西側には、約六百基の墳墓が集中する国内屈指の新沢千塚《にいざわせんづか》古墳群（四～六世紀）が広がる。三角縁神獣鏡や玉製品などの副葬品の豪華さは、大型の前方後円墳にも匹敵し、甲冑《かっちゅう》や銅製の矢じりは戦闘や遠征を印象づける。

「古墳群は、王族の親衛部隊として景行朝の遠征から前面に出てくる大伴、久米氏の墓域にふさわしいと思う」

ナナツカハギの名は古事記にも出てくる。ヤマトタケルの最期を記した後、こう記述している。

〈倭建命、国平《くにことむ》けに廻《めぐ》り行でましし時、久米直《くめのあたひ》が祖《おや》、名は七拳脛《ななつかはぎ》、恒《つね》に膳夫と為《し》て従ひ仕へ奉り

き〉

ここでも書かれている膳夫とは料理人のこと。記紀は、軍事氏族であるナナツカハギが料理を担ったことをことさら強調している。

「海や山の幸を食べることで土地を知り、支配を確認する儀礼を行ったのでしょう」

淑徳大の森田喜久男教授はそう指摘し、宮中で天皇に奉る食事を料理した古代氏族、高橋氏の伝承『高橋氏文《たかはしうじぶみ》』に着目する。同書にはヤマトタケルが平定した後の上総国安房（千葉県）で、景行天皇が周辺の武蔵や秩父の国造《くにのみやつこ》（地方官）を呼び、膳夫の磐《いわ》鹿六雁命《かむつかりのみこと》が料理の腕を振るったことが書かれている。

〈膾《なます》と煮《あつもの》・焼《やきもの》とを為《つく》り、雑《くさぐさ》に造り盛りて。阿西山《あせやま》の梔《はじ》の葉を見て、高次八枚《たかすきやひら》に刺し作り…〉

刺し身や煮物、焼き物を並べ、クチナシの葉などで飾り立てた料理を前に、天皇は「大倭国《やまとのくに》は行事《わざ》を以ちて、名を負へる国なり」と述べ、膳夫の技を誇る。

「地方豪族を招いて一緒に食事することで連帯感を生み、料理の技を見せることで服属させる。こうした供宴の場で膳夫が重要な働きをしたのでしょう」

膳夫の随従は、ヤマトタケルの東征が武力一辺倒のものではなく、文化力の誇示が大きな役割を果たしていたことを伝えている。

膳夫《かしわで》

古代に天皇や朝廷の食膳を用意した人々で、カシワの葉を食器に用いたことに由来する。古事記の国譲り神話では、大国主神《おおくにぬしのかみ》が水戸《みなと》の神の孫の櫛八玉神《くしやたまのかみ》を膳夫として天つ神をもてなしたことが記されている。櫛八玉神は鵜《う》になって海藻を採り、土器や臼《うす》を作って魚料理を献上する。

律令制では宮内省の大膳職《だいぜんしき》、内膳司《ないぜんし》に所属。『高橋氏文』は奈良時代に内膳司の長官に就任した高橋氏が安曇氏と席次を争った際、優位性を主張するため書かれたとされる。料理だけでなく膳夫の装束や祭祀《さいし》も記載している。

3 心情を吐露 異なる記述

〈命を受け、罷《まか》り行《い》でます時に、伊勢の大御神の宮に参入《まゐ》り、神の朝庭《みかど》を拝みたまふ〉

大和から東征に出た倭建命の最初の行動を、古事記はそう書く。伊勢の神殿には父、十二代景行天皇の妹、ヤマトタケルには叔母に当たる倭比売命《やまとひめのみこと》がいた。ヤマトタケルはこの叔母に父に対する不満をもらす。

〈「天皇既に吾の死ぬことを思ほす所以《ゆゑ》か、何ぞ（天皇が、もはや私に死ねと思っていらっしゃる訳は何なのでしょうか）」〉

そう尋ねた後、西征から時を移さず東征を命じ、まともな軍隊も下されていない、と嘆き、さらに言って患い泣いた。

〈「思惟《おも》ふになほ吾の既に死ぬことを思ほし看《め》すぞ（私をまったく死ねと思っておい

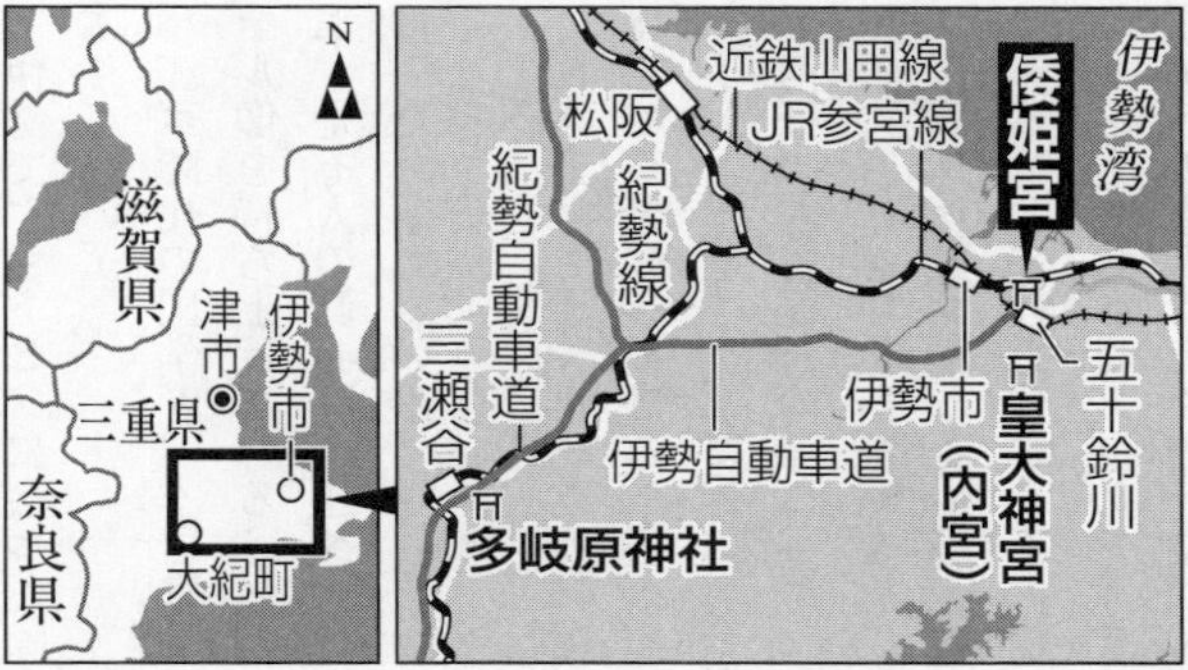

でになるのです）」〉

古事記が記す長文の嘆きの中で、大阪市立大の毛利正守名誉教授はヤマトタケルの感情の高まりに注目する。

「最初は死んだ方がよいと思われているのかと問い、つらい仕打ちを説明した後、今度は死ねと思われていると断じてしまう。それだけ心を解放できる相手がヤマトヒメだったということでしょう」

対照的に、日本書紀が描くヤマトタケルには迷いがない。東征は兄が適任だ、と天皇に進言し、兄が驚いて逃げ隠れすると、「臣労し《やつかれいたは》と雖《いふと》も」任務を引き受ける。

〈「今し天皇の命を被《かがふ》りて、東に征きて諸《もろもろ》の叛者《そむけるものども》を誅《つみな》はむとす」〉

伊勢でヤマトヒメに会った際も、そう事務的に報告するだけで、心を打ち明けるそぶりもない。

江戸時代の国学者、本居宣長《もとおりのりなが》は著書『古事記伝』で、陰影に富む古事記のヤマトタケル像を持ち上げている。父の命令に従いつつも〈恨み、悲むべき事をば悲み泣き賜ふ、是ぞ人の眞心〉と述べ、日本書紀は建前の武勇でうわべを飾る中国の「漢意《からごころ》」の借用だと断じている。

嘆き悲しむヤマトタケルに対して、書紀ではヤマトヒメは「慎みてな怠りそ」と鼓舞して草薙剣《くさなぎのつるぎ》を授ける。古事記では、さらに御嚢《みふくろ》も与えて、きめ細かく忠告する。〈「もし急《には》かなる事有らば、茲《こ》の嚢の口を解きたまへ」〉

西征の熊曽征討の際にもヤマトヒメは、自分の衣装をヤマトタケルに与え、女装して敵の宴に忍び込む策略を思いつかせた。

三重県立斎宮歴史博物館の学芸普及課長、榎村寛之氏は、二人の関係を男女が政治・軍事と宗教を分掌する古代日本の彦姫制という統治形態になぞらえる。「衣装がなければ変装のアイデアはなかっただろうし、嚢がなければヤマトタケルは東国への途上で死んでいた。ヤマトヒメは、ヤマトタケルを守り、補佐する存在だといえるでしょう」

為政者としてあくまでも厳しい父と、母親代わりのような母性を見せる叔母。「二人の対照が、ヤマトタケルの伝承を現代人にも通じるものにしている」。毛利名誉教授はそう話す。

ヤマトヒメと伊勢神宮

日本書紀によると、十一代垂仁《すいにん》天皇の皇女、ヤマトヒメは、天照大《あまてらすおお》（御《み》）神《かみ》を祭るのにふさわしい土地を求めて伊賀や近江などを巡り、伊勢に至った。伊勢神宮の起源だ。現在、皇大神宮（内宮）御垣内には地主の神の興玉神が鎮座し、摂社多岐原神社は、ヤマトヒメ一行を導いて急流を渡したという真奈胡神《まなごのかみ》を祭る。

神宮の斎王だったヤマトヒメは、五十鈴川のほとりに斎宮を建てた。ヤマトヒメを祭る神社は長く存在しなかったが、地元住民らが国に働きかけ、大正十二年、別宮倭姫宮《やまとひめのみや》が内宮の近くに創建された。

4

王権の象徴
草那芸釼《くさなぎのたち》

〈患《うれ》へ泣き罷《まか》りたまふ時に、倭比売命、草那芸釼《くさなぎのたち》を賜ひ〉

父である十二代景行天皇への不満を泣きながら訴えた倭建命に、叔母のヤマトヒメは剣を与えた、と古事記は記す。須佐之男命《すさのおのみこと》が退治したヤマタノオロチの体内から見つけ、姉の天照大御神に献上した剣である。天照大御神は地上界に降臨する孫ニニギノミコトに、鏡や勾璁《まがたま》とともに与えた、と古事記は書く。

剣がヤマトヒメの元にある経緯を推測させるのは日本書紀である。

〈天照大神を豊耜入姫命《とよすきいりびめのみこと》より離《はな》ちまつり、倭姫命《やまとひめのみこと》に託《つ》けたまふ〉

十一代垂仁天皇が、宮中に祭っていた天照大御神をヤマトヒメに託し、鎮め坐すところを求めさせたという記述だ。古事記では天照大御神は降臨するニニギに、鏡をわが魂として祭れと命じたと書かれているので、託されたのは鏡と考えられるが、冒頭

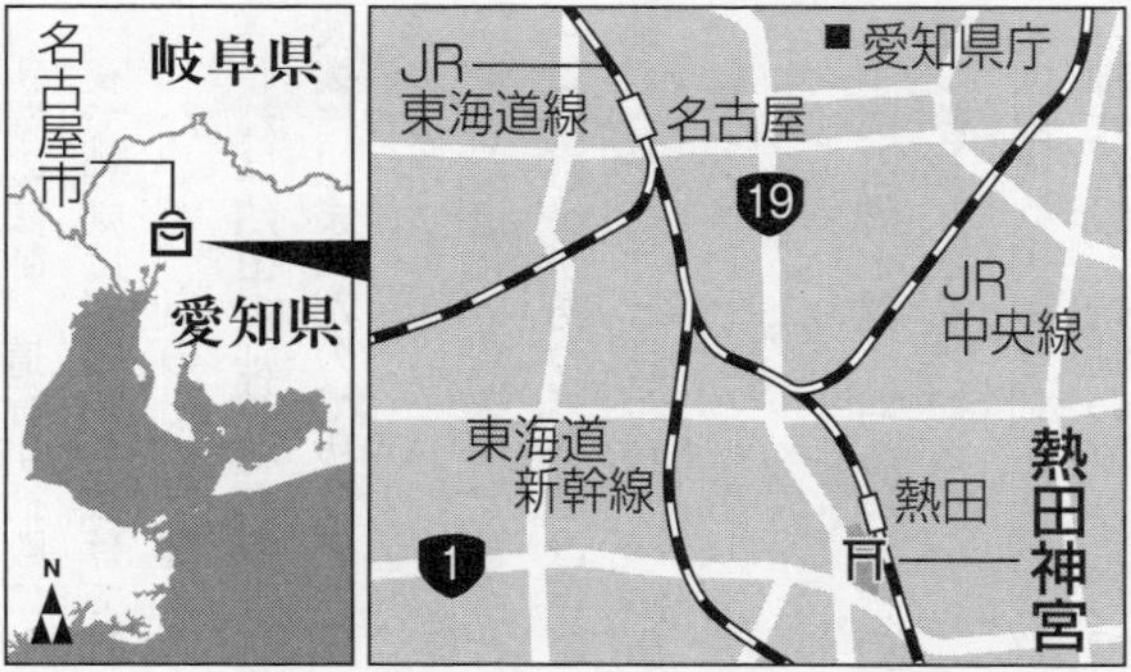

の記述は、その際に剣も一緒だったと推測させるものなのだ。

「剣がなぜヤマトヒメの元にあったかはともかく、ヤマトタケルは剣があったことで、東征を成功させた。王権の象徴だったことも間違いないでしょう」

草薙神剣（草那芸釼）をご神体とする熱田神宮（名古屋市熱田区）の大原和生・総務部長はそう話す。

〈この年沙門道行、草薙剣盗んで新羅に逃げる。中路、風雨あり、荒れる。迷って帰る〉

日本書紀にこんな記述がある。この年とは三十八代天智《てんじ》天皇の七年、つまり六六八年のことだ。『尾張国熱田太神宮縁起』に詳報が載っている。

新羅の法師、道行が社殿に忍び込み、神剣を袈裟で包んで伊勢国へ逃げた。しかし、一夜で神剣は袈裟から抜けて社殿に帰った。道行は再び盗み、難波の津から新羅に船出した。が、嵐のために難波の津に漂着。その時、神託があった。

「われは熱田の剣神である。妖僧にあざむかれて新羅に着こうとした。初めは七条の袈裟に包まれたので抜け出たが、のちに九条の袈裟に包まれたので抜け出ることができなかった」

驚いた道行は剣を捨てようとしたが、身から離れない。万策尽きて自首した。

「この事件があって神剣は再び、天皇の身辺に安置されたが、四十代天武《てんむ》天皇の病が神剣のたたりと言われて、熱田に戻された。当時の社人の喜びようは相当なものだったでしょうね」

「草那芸剱と鏡、勾璁は三種の神器といわれるが、記紀にはそうした表記はなく、後世の考え方です」

大阪市立大の毛利正守名誉教授はそう指摘し、それぞれの記紀での記述に注目する。

「神代に最も統制の取れた形で語られるのは鏡。次に草那芸剱になり、勾璁についてはほとんど語られない。最初の統治に必要だったのは魂で、後には武が重要な時代になったということでしょう」

風雲の時代に挑むヤマトタケルには、草那芸劒が欠かせなかったのである。

熱田神宮

「熱田さん」と呼ばれ、年間約六百五十万人の参拝者を集める。ご祭神の熱田大神《あつたのおおかみ》は草薙神剣（草那芸劒）を御霊代《みたましろ》とする天照大（御）神。相殿神《あいどのかみ》として天照大神、素盞嗚尊（須佐之男命）、日本武尊（倭建命）、宮簀媛命《みやすひめのみこと》、建稲種命《たけいなだねのみこと》の「五神《ごしん》さま」を祭る。

ミヤスヒメはヤマトタケルの后。東征から帰ったヤマトタケルは、草那芸劒をミヤスヒメの元に置いたまま近江・伊服岐能山《いふきのやま》の神を討ちに行き、敗れる。タケイナダネはミヤスヒメの兄で、将として東征に加わって軍功を上げ、尾張繁栄の基礎をつくった。

5

太刀を手に尾張へ北上

〈「是《こ》の神風の伊勢国は、則《すなは》ち常世《とこよ》の浪の重浪《しき》帰《よ》する国なり。傍国《かたくに》の可怜《うまし》国なり。是の国に居《を》らむと欲《おも》ふ」〉

東征する倭建命に草那芸剱を授けた叔母の倭比売命が、天照大御神の鎮座地を伊勢に定めた理由を、日本書紀はそう書く。

巡幸するヤマトヒメに言葉を述べているのは、鏡を御霊代にする天照大御神自身である。言葉を要約すると、次のようになる。

「伊勢国は、はるか海の彼方の常世から波が寄せる美しい国で、大和の端の国ではあるが、私はこの国に居たいと思う」

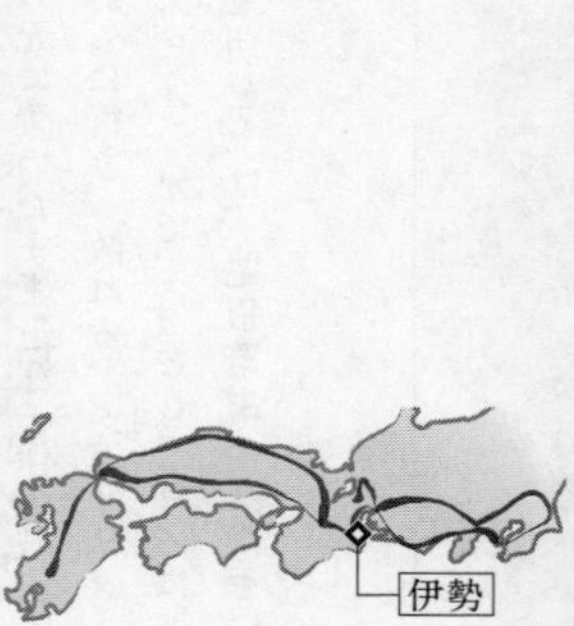

伊勢神宮の神道書『皇太神宮儀式帳』(八〇四年)などによると、伊勢神宮の地に着く前にヤマトヒメは、伊勢湾西岸の古代港・藤潟の藤方片樋宮《かたひのみや》で、現れた阿佐鹿《あざか》悪

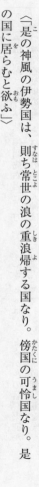

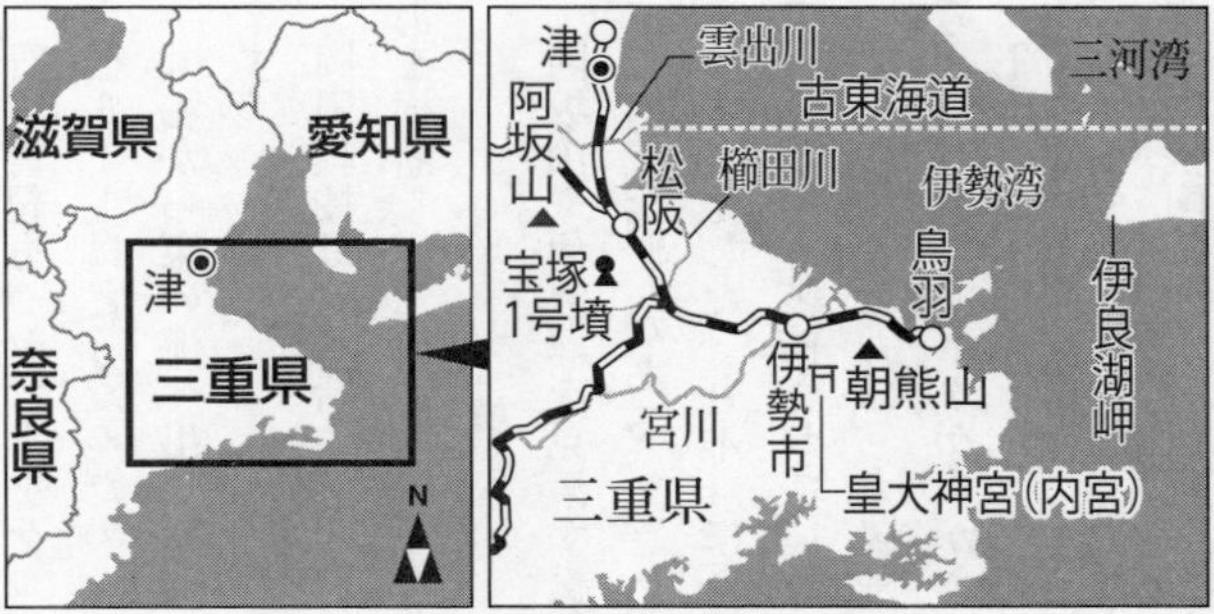

神を平定し、阿坂《あざか》山（三重県松阪市）に鎮め祭っている。

「悪神とは在地の豪族で、平定は伊勢湾の航行ルートの掌握を意味する」

　皇学館大の岡田登教授はそう指摘する。

「伊勢神宮周辺の伊勢市域に、現時点で古墳時代の有力な港湾跡は見いだせない。ヤマト王権は、より穏やかな伊勢湾の内寄りを選択したと考えられます」

　三重県立斎宮歴史博物館の穂積裕昌主幹はそう話す。伊勢神宮から伊良湖水道を経て渥美半島に上陸する海道は、伊勢湾横断の最短ルートだが、潮流が速く、ヤマトタケルが東征した四世紀代の船で渡るのは困難だった、とも指摘する。

〈道を枉《ま》げて、伊勢神宮《いせのかむみや》を拝みたまふ〉

日本書紀も、ヤマトタケルが寄り道をして伊勢神宮に至ったと書く。では、本来の東征ルートはどうだったのか。

「大和から東の海へ出る道は、伊賀（三重県）を経て雲出川《くもづ》を下るルートが考えられます」

岡田教授はそう話す。四世紀の古墳の分布などから、雲出川下流域の藤潟から伊勢湾を横断し、三河湾に入る航路が当時の東海道と想定できるという。

阿坂山や伊勢湾を見渡す松阪市の高台に、伊勢地方最大の前方後円墳、宝塚一号墳（五世紀初頭）がある。ここからは平成十一～十二年の調査で、国内最大の装飾船形埴輪《はにわ》が出土した。丸木舟に外板を接ぎ合わせた準構造船を示し、貴人のための蓋《きぬがさ》、王の杖、太刀が装飾されている。

「船首に飾る太刀は、太陽に向かって進む時、寄り来る悪霊や邪鬼を振り払うものと考えられ、ヤマトタケルがヤマトヒメから授かった太刀の霊力と共通する」

岡田教授はそう話す。埴輪は、ヤマトヒメに別れを告げ、五十鈴川から伊勢湾にこぎ出すヤマトタケルが、太刀を手に船首に立つ姿を想像させる。船は伊勢湾を東進せず、尾張国に向かって北上した。古事記の記述はこう続く。

〈尾張国に到り、尾張の国造《くにのみやつこ》が祖、美夜受比売《みやずひめ》の家に入り坐《ま》す〉

阿坂山

枡形山とも呼ばれる。標高三一二メートル。雲出川から櫛田川にかけての肥沃《ひよく》な平野を一望に収め、その先に伊勢湾を望む。

古事記には、天孫降臨で先導役を務めた猿田毘古神《さるたびこのかみ》が、阿耶訶《あざか》で漁をしている時に溺れ、海の泡になる場面があり、阿坂山に鎮座する阿射加《あざか》神社にはサルタビコが祭れている。岡田教授は「アザカは日の出を意味する朝日《あさか》と同じで、古くから太陽を祭る豪族がいた」とし、阿佐鹿悪神の平定で在地の神とされていたサルタビコが、東への海の道を導く海神に転化したと考える。

草那芸釼をご神体とする熱田神宮。ヤマトタケルの東征で重要な場となる
（愛知県名古屋市熱田区）本文 101 ページ

第五章

尾張国から相武国へ

相武国《さがむのくに》に至ったヤマトタケルは、その国の国造に欺かれて火攻めにあう。ヤマトタケルは草那芸剱《くさなぎのたち》で草を刈り払い、迎え火をつけて窮地を脱する。そして誅殺したことが地名の由来となったと古事記は書く。

国造等を切り滅ぼし、火を着け、焼きたまふ。
故今に焼遺《やきつ》と謂《い》ふ

1 尾張の地 交わした契り

〈尾張国に到り、尾張の国造《くにのみやつこ》が祖、美夜受比売《みやずひめ》の家に入り坐《ま》す〉

倭建命《やまとたけるのみこと》の東征の始まりを古事記はそう記す。ミヤズヒメの家とはどこか。熱田神宮〈名古屋市熱田区〉の由緒などを収めた『熱田神宮宮記』は、こう書いている。

〈吾湯市《あゆち》の火《ひ》上《かみ》の里にあった国造乎止與命《おとよのみこと》の館〉

現在の同市緑区大高町、熱田神宮摂社の氷上姉子《ひかみあねご》神社がある付近というのである。

宮記はさらに続く。

〈(ヤマトタケルは)征討の事を議《はか》られ、後、進んで三河、遠江を過ぎ、駿河国に至られた〉

オトヨノミコトは、天照大御神《あまてらすおおみかみ》の長男、天忍穂耳命《あめのおしほみみのみこと》の子、天火明命《あめのほあかりのみこと》から数えて十一代目。大和・葛城郡高尾張邑を本拠としていたが、尾張の地方長官である国造に任じ

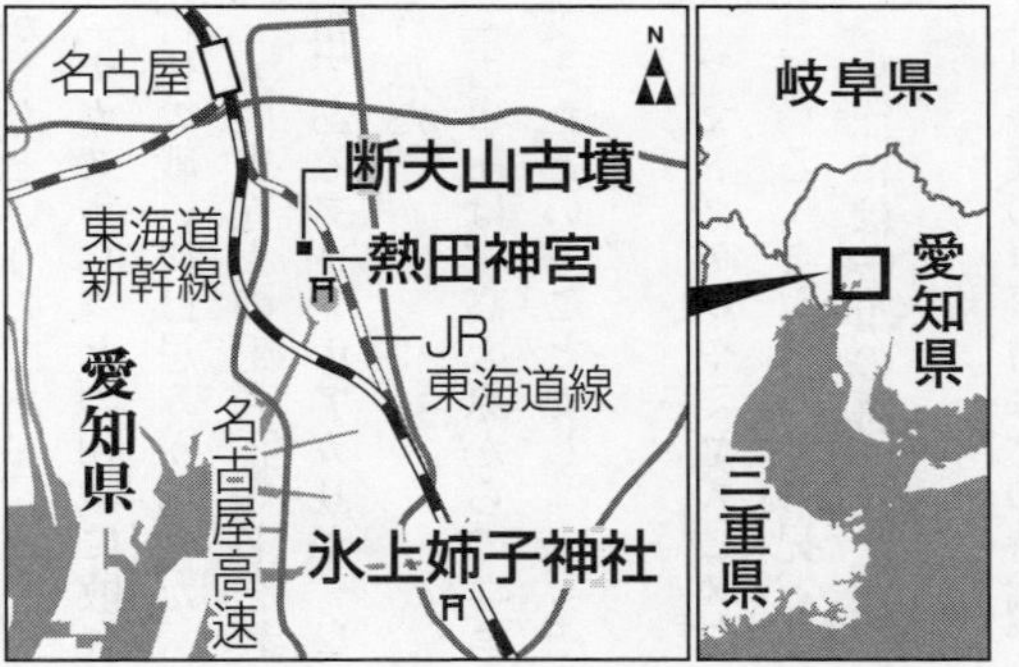

られ、大高付近で氏族を統率していたと伝承される。オトヨノミコトの娘がミヤズヒメである。

「当時、尾張までは大和朝廷の勢力圏で、そこを治める尾張氏の当主の館に来たのですから、ヤマトタケルにはわが家のような安堵感があったでしょう」

同神宮の大原和生総務部長はそう話す。

安堵感ゆえか、ヤマトタケルはここで、遠征将軍らしからぬ感情を抱く。その事情を古事記はこう書く。

〈婚《ま》かむと思ほししかども、また還《かへ》り上らむ時に婚かむと思ほし、期《ちぎ》り定めて、東の国に幸《い》でまし〉

ミヤズヒメと結婚しようと思ったが、都に凱旋する時にしようと思い直し、約束だけして東に向かったというのである。

「ナガスネビコとの初戦に敗れ、日に向かって戦う愚を悟った初代神武天皇のように、古代の戦いには忌みがあった。ヤマトタケルは穢れを恐れたのかもしれません」

大阪市立大の毛利正守名誉教授はそう話す。その上で注目するのは、ミヤズヒメの祖であるアメノホアカリが、皇室とヤマトタケルの祖であるニニギノミコトの兄という点だ。

「古事記は、高天原からのニニギの降臨しか書いていないが、兄も降臨して国造りを支えたということでしょう。その子孫は頼りになる存在だったに違いない」

ヤマトタケルやミヤズヒメを祭る同神宮にはもう一柱、オトヨノミコトの子が祭られている。ミヤズヒメの兄、建稲種命《たけいなだねのみこと》である。宮記はこう書く。

〈東征には一軍の将として従い、軍功があり（略）尾張地方繁栄の基礎をひらかれた〉

「尾張氏の軍事力はどの時代でも、歴史を大きく動かした」と大原氏は言う。好例が、宮廷が大きく動揺した壬申の乱だ。尾張氏は十万の兵を動員し、大海人皇子を支持した。大友皇子に勝った大海人皇子《おおあまのおうじ》は、四十代天武《てんむ》天皇になった。

同神宮の北約六〇〇メートルに断夫《だんぷ》山と名づけられた古墳がある。ミヤズヒメの墓と伝わる古墳で、ヤマトタケルの死後、新たな夫を迎えなかったミヤズヒメの生涯を今に伝えている。

天忍穂耳命

天照大御神の五人の息子のうちの長男。正式名は正勝吾勝々速日《まさかつあかつかちはやひ》天忍穂耳命。須佐《すさ》之男命《のおのみこと》が、姉の天照大御神に身の潔白を証明しようとした誓約《うけひ》で生まれ、須佐之男命が誓約を勝ち取ったことを誇る意味が名前になっている。大国主命《おおくにぬしのみこと》に国譲りさせた天照大御神から、地上界への降臨を命じられたが、息子のニニギノミコトの方がふさわしいとして譲ったとされる。降臨したニニギから数えて四代目が初代神武天皇。皇室から見ると、アメノホアカリを祖とする尾張氏は、アメノオシホミミから分かれた一族になる。

2 家康が徳仰いだ岡崎

〈悉《ことごと》く山河の荒ぶる神と伏《まつろ》はぬ人等を、言向《ことむ》け平和《やは》したまふ〉

尾張の美夜受比売に別れを告げた後の倭建命について、古事記はこう書く。荒々しい神と服従しない人たちを、言葉で手なずけ、平定したというのである。

しかし、ヤマトタケルの前途は、古事記が書くような平坦なものではなかったとする伝承が、三河（愛知県東部）の岡崎市に残っている。大正時代に刊行された『岡崎市史』は次のように書く。

〈海なす廣《ひろ》き川の洋々として流るるがあり、（日本武尊《やまとたけるのみこと》に）土人云ふ、此《この》川の東に聳《そび》ゆる高石山に、賊の群の據《よ》りて屢々《しばしば》人を悩ますと、尊乃《すなわ》ちここを撃たん用意にと、率ゐたまひし矢作部《やはぎべ》に命じて矢を作がしめ給ふた〉

海のように広い川とは矢作川《やはぎがわ》で、西岸には矢を作らせた伝説地があり、ヤマトタケ

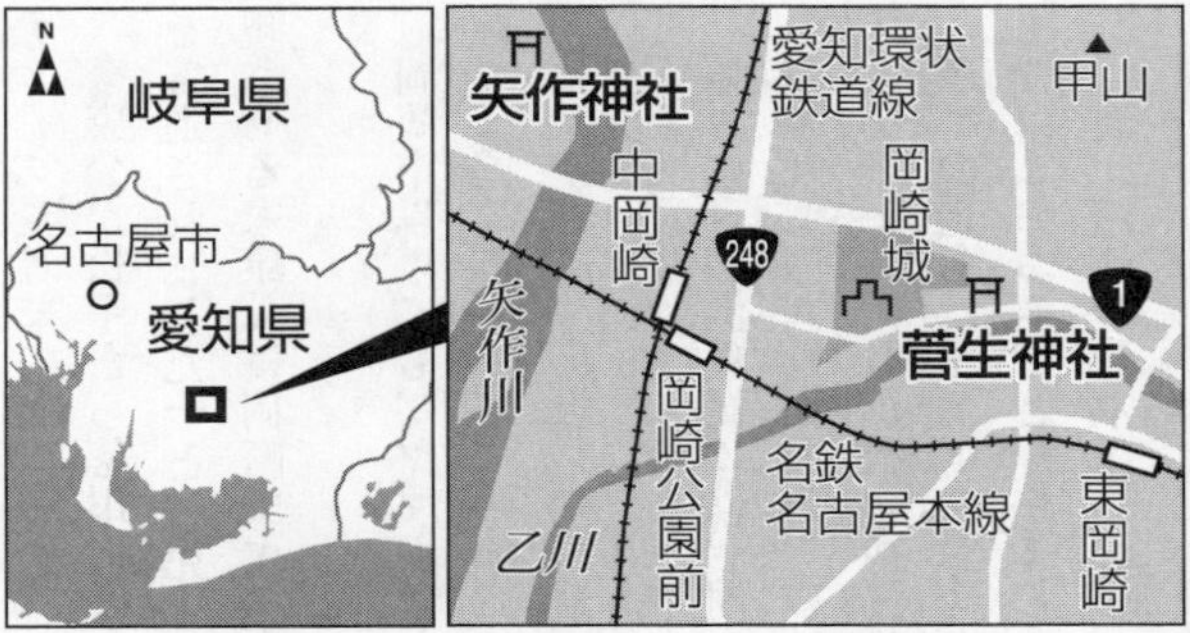

ルの銅像が建つ矢作神社（岡崎市矢作町）が鎮座する。伝承では、対岸の甲山《かぶとやま》という丘が高石山で、賊のかぶと首を埋めた場所とされている。

「東海道の宿場町だった岡崎は、北は信濃、南は三河湾に通じる矢作川と交差する。水陸の要衝で、ヤマトタケルにとっては必ず押さえなければならない要地だったはずです」

岡崎市教委埋蔵文化財整理事務所の荒井信貴主事はそう話す。甲山の南には後世、岡崎城が築かれ、徳川氏の拠点となった。

〈五万石でも岡崎さまは、お城下《しろした》まで船が着く〉

江戸時代、舟運による繁栄をこううたわれる地の利を、ヤマトタケルは見抜いていた。城の近くにある菅生《すごう》神社は、ヤマトタケルが賊を討った矢を御霊《みたま》代《しろ》と仰ぎ、黄色の菅《すげ》の花が咲く里に伊勢の大神を祭ったのを始まりとする。

「家康公が松平から徳川に姓を改めた二十五歳の時、この神社で開運を祈願し、社殿を寄進されました」と、児玉隆司宮司は話す。「後に江戸幕府を開き、泰平の世を実現させる家康公は岡崎でヤマトタケルの徳を仰ぎ、志を育んだのだと感じます」

岡崎市以東にも、ヤマトタケルの足跡ははっきり残る。岡崎の次の藤川宿に近い法蔵寺（岡崎市本宿町）の境内には、ヤマトタケルが病身の兵士らを治したという「賀勝水」がわく。赤坂宿の宮道天神社《みやじてん》（愛知県豊川市）には、ヤマトタケルが息子の建《たけ》貝児王《かいこのみこ》をこの地に封じた伝承が残る。

さらに東の浜名湖には、湖を囲うようにヤマトタケルを祭る神社が点在し、西岸の熱田神社（静岡県湖西市）には、東征の陣所跡と伝える石碑が建つ。最も海に近い金山天神社（静岡県浜松市西区雄踏町《ゆうとう》）の加茂守啓《もりひろ》禰宜《ねぎ》はこう話す。

「雄踏の地名はヤマトタケルが雄々しく叫んで大地を踏んだ伝説が由来で、明治時代までは『おふみ』と称しました。遠州灘を望んで勇み立つ姿が想像されます」

三河、遠江の伝承は、ヤマトタケルの雄々しい姿を伝えている。

矢作川

長野県南部が水源。愛知県中央部を流れて三河湾に注ぐ。南北朝時代の公卿・北畠《きたばたけ》親房《ちかふさ》は『職原抄《しょくげんしょう》』で「日本武尊東征時、河辺において多く矢を作る。故に矢作川といふ」と書いている。「三河」の語源は「御河」で、矢作川の尊称との説が有力だ。

ヤマトタケルが生きた四世紀から中下流域に前方後円墳が築かれ、三河湾や伊勢湾を通じた船の交易が想定される。矢作神社に近い和志山古墳は四世紀後半の前方後円墳で、ヤマトタケルの異母弟・五十狭城入《いさきいり》彦皇子《ひこのみこ》の墓として宮内庁が治定している。

3 焼津
裏切りの火攻め

倭建命が平和裏に三河、遠江を平らげたと記す古事記は、その後の苦難に筆を移す。

〈其の国造、詐《いつは》り白《まを》さく、「此《こ》の野の中に大きな沼有り。是《こ》の沼の中に住める神、いたく道速振《ちはやぶ》る神なり」とまをす〉

凶暴な神がいると聞いてヤマトタケルは、その野に入った。すると国造は野に火を放った。女装で熊曽建《くまそたける》兄弟に近づき、木刀と大刀をすり替えて出雲建《いづもたける》を謀殺するなど、策略を用いて西征を成し遂げたヤマトタケルが逆に、謀略にはまったのである。その場所について、古事記はこう書く。

〈今に焼遺《やきつ》と謂《い》ふ〉

焼遺は、現在の静岡県焼津市とされる。ヤマトタケルを主祭神にする焼津神社（焼津市焼津）の鈴木啓央《ひろみち》宮司はこう話す。

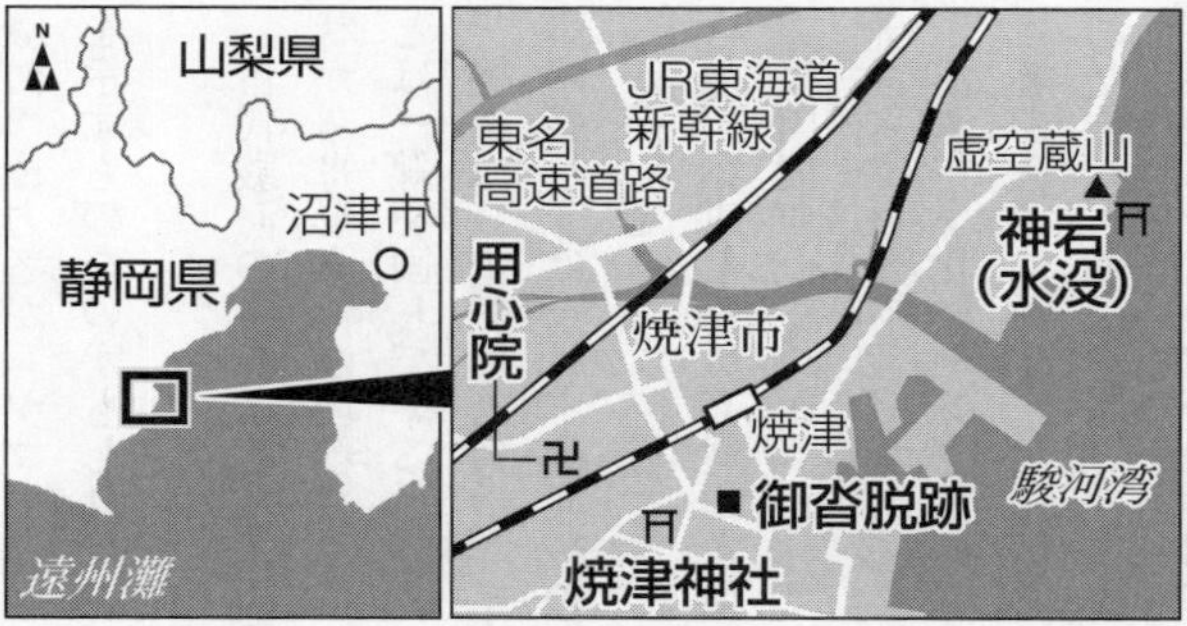

「焼津には天然ガスがわき出る地域があります。自然発火でも燃え盛り、神の存在を感じさせたのではないでしょうか。記紀のエピソードには、それがかかわっているかもしれません」

東征に抵抗があったことを示す謀略の主を、古事記は〈其の国造〉と書いている。国造とは、大和政権が支配下に入った地方を統治させた人物で、従った地元の首長層を任命することも多かった。

「ヤマトタケルの時代のことははっきりしていませんが、焼津を含む志太地域は、その後の国造の時は駿河国の飛び地だったといわれています」

焼津市歴史民俗資料館の藁科優生《わらしなゆうき》学芸員は、そう話す。同市周辺は、現在の静岡県東部に位置していた古代駿河《するが》の勢力圏の西の外れだったといわれる。火攻めの記述は、いったんは大和政権に従った古代駿河の権力者が、ヤマトタケルの勢力圏入りを阻もうとしたという、当時の政治情勢を示すものなのかもしれない。

古代駿河の中心とされる同県沼津市に高尾山古墳がある。前方後方墳で、墓坑の形状から舟形木棺が埋納されたと考えられる。竪穴式石室を備えた畿内式の前方後円墳とは一線を画している。

築造は三世紀中ごろで、「古代駿河最初の王」が埋葬されたといわれる。墳丘長は当時としては東日本最大級の六二メートル。被葬者が強大な権力を誇っていたことをうかがわせる。

「静岡県東部では高尾山古墳が築造された後、ヤマトタケルの時代までに畿内式の前方後円墳がいくつか築かれていますが、埋葬方式は畿内式の竪穴式石室ではなく、舟形木棺のままのケースが複数あります」

沼津市文化財センターの元主幹、池谷信之氏はそう話す。古代駿河でも大和政権の影響が強まったが、死生観と深く関わる埋葬方式で畿内式を採用しない権力者がいたことを、古墳は物語る。古代の埋葬は祭事とつながり、祭事は政治そのものだった。面従腹背の危地で、ヤマトタケルの次の行動を古事記はこう書く。

〈欺《あざむ》かえぬと知りて、其の姨倭比売命《をばやまとひめのみこと》の給へる嚢《ふくろ》の口を解き開けて見たまへば、火打其の裏に有り〉

焼津ゆかりの伝説

火攻めの謀略を仕掛けた国造らをヤマトタケルが切り滅ぼし、火をつけて焼いたことが地名の由来となった焼津市には、ゆかりの伝説が数多く残されている。駿河湾の沖合には今は水没してしまったが、ヤマトタケルが腰かけたといわれる「神岩《かんのいわ》」があったと伝わり、焼津神社の近くには休憩したとされる「御沓脱跡《おくつぬぎ》」がある。

同市大村の用心院には平安時代、付近で野火が絶えなかったために里人が「ヤマトタケルに殺された賊の怨念が火事を招く」として勧進した、火伏《ひぶせ》の神を祭る秋葉堂が残っている。

4

「先祖神の剣」窮地救う

火攻めの謀略にあった危地で、火打ち石を見つけた倭建命の次の行動を、古事記はこう書く。

〈まづ其の御刀《みはかし》以ち、草を苅り撥《はら》ひ、其の火打を以ち火を打ち出で、向かひ火を着けて焼き退け、還り出で〉

火打ち石の入った嚢とともに、叔母の倭比売命からもらっていた草那芸剱《くさなぎのたち》で周囲の草を刈り、火打ち石を使って向かい火をつけて火勢は外側に向け、窮地を脱したというのである。この沈着冷静な行動が大刀の名の由来になった、と日本書紀は書く。

〈王の傍《かたはら》の草を薙《な》ぎ攘《はら》ふ。是に因《よ》りて免るること得たまふ。故《かれ》、其の剣を号《なづ》けて草薙と曰《い》ふといふ〉

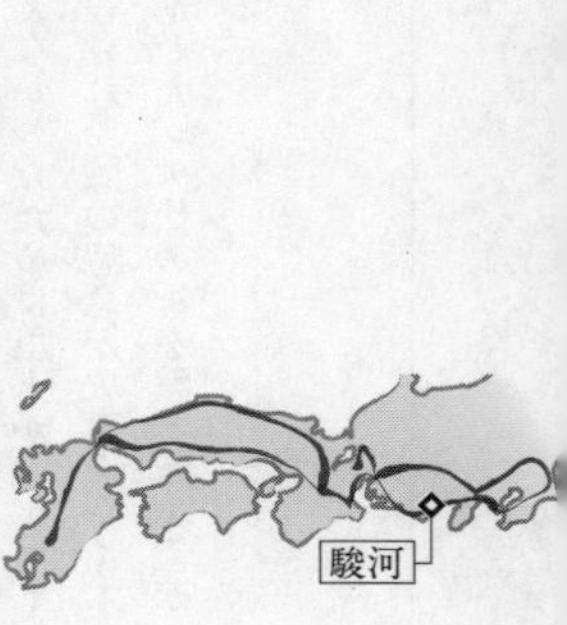

書紀はヤマトタケルに王という尊称を使っていて、草薙《くさなぎ》は静岡市清水区内の地名に

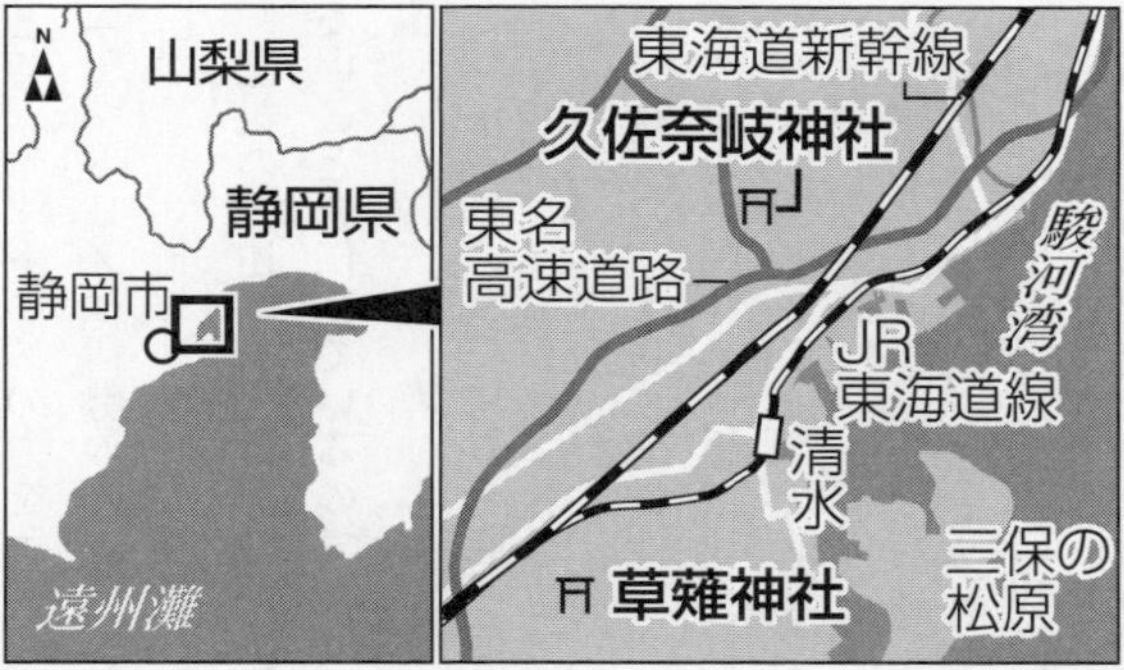

もなっている。

「火炎と火炎は、合流する時に引き寄せ合う性質がある。自分側からも火をつけて、離れた所で合流するように仕向けたら、逃げ道ができるかもしれません」

東京理科大国際火災科学研究科の水野雅之准教授は、科学者の視点でヤマトタケルの行動を評価する。

「風向きなどの条件にも左右される。だけど、先に自分の周囲を燃やしておけば、火が来ても燃えない。こちらの方が意味があるのでは」

この危地で、ヤマトヒメの存在を強調する記紀のねらいに注目するのは国学院大の谷口雅博准教授だ。

「危険を予知して事前に剣などを渡したとするこ

とで、ヤマトヒメの力を示す意図があったのでは」と指摘した上で、こう話す。

「ヤマトヒメは伊勢の神、つまり天照大御神に仕えている。天照大御神の力を剣に託して、ヤマトタケルに授けているのです」

記紀の記述は、先祖神の力も示し、東征が、ヤマトタケル一人の力によるものではないことを伝えているのである。

〈還り出で、みな其の国造等を切り滅ぼし、火を着け、焼きたまふ〉

火の手から脱したヤマトタケルは、わなに掛けた国造らを切り殺し、さらに火をつけて焼いた、と古事記は記す。父の十二代景行《けいこう》天皇の指示を誤解して、兄を虐殺したかつての暴虐性を連想させる行為だが、谷口准教授は「焼遺という地名につなげるためのエピソードでは」と推測する。古代の地名は、敵の倒し方から付けられる例が多いという。

「知恵を使うのは古代の英雄のパターン。ヤマトタケルは、だまされたのを逆手にとって敵を倒した。ここに知恵が見られます」

清水区内に久佐奈岐神社と草薙神社がある。ともに記紀の記述が神社名の由来で、草薙神社の森明彦宮司はこう話す。

「当社は景行天皇がヤマトタケルを祭ったのが創建と伝わります。西暦でいうと一一三年。久佐奈岐神社はさらに古いと聞きます」

草薙神社の伝承に従えば、ヤマトタケルの知略は駿河でも、千九百年以上も脈々と語り継がれているのである。

道速振《ちはやぶ》る

ヤマトタケルを謀殺しようとした国造が、沼に住むと話した「道速振る神」。道速振るは、「荒々しい」などの意味を持つ。和歌では「千早ぶる」とも記され、「神」や神に関する語の枕詞として使われる。代表的なものが、平安時代の歌人・在原業平の「ちはやぶる　神代も聞かず　竜田川　からくれなゐに　水くくるとは」。江戸時代の古典落語「千早振る」は、この歌にいいかげんな解釈を加えるという内容。現代では、百人一首を題材にした少女漫画『ちはやふる』もあり、映画にもなっている。

5 相武《さがむ》にも伝わる「火難」

神奈川県西部、松田町の酒匂川《さかわがわ》。川の近くに、倭建命を祭神とする寒田《さむた》神社がある。

「ヤマトタケルは、戦いの無事を祈って川に酒を注いだのですが、帰路にも香りが残っていた。それが酒匂川の由来です」

藪田拓司宮司はそう話す。境内には、ヤマトタケルが使ったと伝わる「腰掛石」もある。

同神社からさらに東、相模原市内にある大沼神社の石碑は、こう記している。

〈大沼は遠く日本武尊《やまとたけるのみこと》東征の砌《みぎ》り火難に相遇されし地〉

ヤマトタケルが国造の反逆に遭ったのはこの地だという記述である。石碑は、沼の水田化を記念して昭和四十一年に建立された。氏子会役員の渋谷勇氏は「あたり一帯はかつて、沼地や原野だったそうです」と話す。

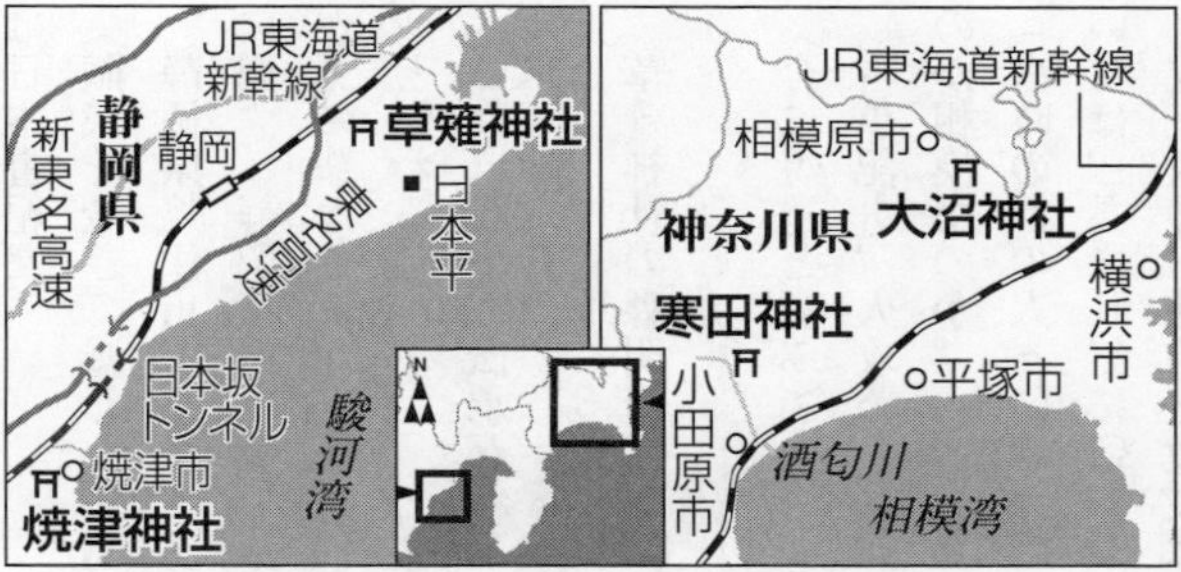

〈野の中に大き沼有り。是《こ》の沼の中に住める神、いたく道速振る神なり〉

国造が策略で用いた言葉のような光景が広がっていた、と地元では伝承されている。

〈相武国《さがむのくに》に至ります時〉

古事記は、ヤマトタケルの危機をそう書き始めている。相武国は後の相模、現在の神奈川県である。

焼遺の出来事を駿河ではなく相模とする記述は、その後も出てくる。荒れる走水《はしりみず》の海（浦賀水道）を鎮めるために身を投げたヤマトタケルの后、弟橘比売命《おとたちばなひめのみこと》の辞世の歌である。

〈さねさし　相模《さがむ》の小野に　燃ゆる火の　火中に立ちて　問ひし君はも（相模国の小野に燃えて迫る火の中に立って、私の名をお呼び下さったあなたよ）〉

一方で、火攻めは駿河での事件だと記述しているのは日本書紀だ。

〈賊衆《あたども》を焚《や》きて滅したまふ。故、其の処を号けて焼津《やきつ》と曰ふ〉

静岡県焼津市でヤマトタケルを祭る焼津神社は、それは神社がある地だと由緒書きに記す。静岡市清水区の草薙神社では、近くにある谷が火攻めにあってヤマトタケルが馬の鞍から下りた場所、茶畑の脇にたたずむ首塚稲荷神社は、賊徒の首を埋めた場所と伝わる。

「これほど多く伝承があるのだから、記述のようなことがあったと考えて不思議はない」

草薙神社の森明彦宮司はそう話す。

〈今に焼遺と謂《い》ふ〉

古事記も、火攻めの記述をそう締めくくっている。焼遺、焼津は果たして、駿河なのか相模なのか。

「当時の都の人々にとって、東国のイメージはあいまいで、相模とか駿河の位置については、あまり気に留めてはいなかったでしょう」

立正大の三浦佑之教授はこう述べたうえで、やや古事記に肩入れする。

「もとになった伝承は古事記の方が古いと思われるので、書紀は都合のいいように変えた可能性が高いのではないでしょうか」

ともあれ、危機を脱したヤマトタケルは、相模の三浦半島から房総半島を目指した。

日本平と日本坂

静岡市にある日本平と日本坂はともに、ヤマトタケルに由来する。日本平は駿河湾に面した有度山の山頂平坦部（標高約三〇〇メートル）を指し、富士山を望む景勝地。昭和四十三年建立の石碑は〈尊《みこと》この地に登りて國見し給ふ〉と、草薙神社の宮司名で記す。ただ「日本平の名が文献に出てくるのは明治以降」（静岡市文化財課）といい、名称は近代のものだ。

日本坂は静岡と焼津を結ぶ古い東海道の峠道。江戸末期の地誌にヤマトタケルの伝承にちなむと記され、今は東名高速道路日本坂トンネルなどが下を通る。

ヤマトタケルの足跡を伝える「御沓脱跡」には石像も建つ
（静岡県焼津市）本文 121 ページ

✦第六章

吾嬬国《あづまのくに》

走水の海を侮ったヤマトタケルは、渡の神の怒りを買い、暴風雨に苦しめられる。窮地を救ったのは妃のオトタチバナヒメノミコトだった。ヒメは、使命を果たすように言い残して身を投げ、海を鎮めた。

妾《やつこ》、御子に易《か》はりて海の中に入らむ。
御子は遣《つか》はさえし政《まつりごと》遂《と》げ、覆奏《かへりごとまを》すべし

1

暴風を鎮めた妻の献身

〈其《そこ》より入り幸《い》でまし、走水《はしりみづ》の海を渡る時に〉

焼遺《やきつ》の火攻めの謀略を返り討ちにした倭建命《やまとたけるのみこと》は、さらに東へ進んだ、と古事記は記す。走水の海とは、相模国の三浦半島から上総国の房総半島への海、現在の東京湾浦賀水道である。

このルートは宝亀二（七七一）年、武蔵国が東山道から東海道に編入され、相模国が武蔵国と直結する以前の駅路（古東海道）。古代の人々は、湿地帯が広がる東京湾沿岸を避けて海路を通ったのである。十二代景行《けいこう》天皇の御子であるヤマトタケルも当然のように、この海路を通った。最短距離七キロ程度。しかし、潮の流れが激しい難所である。

〈其の渡《わたり》の神、浪を興し、船を廻《めぐ》らし、え進み渡らず〉

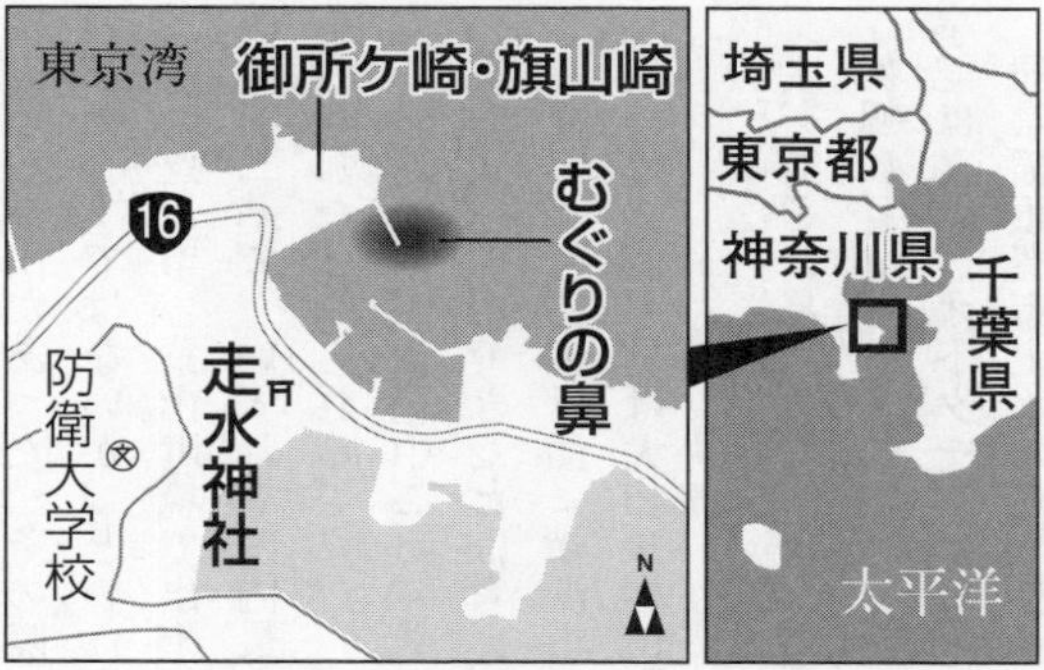

古事記は、海を渡ろうとしたヤマトタケルの苦難をそう書く。日本書紀は、それほどの苦難を予想もしなかったヤマトタケルの油断にまで筆を走らす。

〈「是小海《これちひさきうみ》のみ。立跳《たちはしり》にも渡りつべし」とのたまふ。乃《すなは》ち海中に至り、暴風忽《たちまち》に起り、王船漂蕩《ただよ》ひて渡るべくもあらず〉

飛び越えてでも渡れるほど小さい海だと侮ったヤマトタケルを突然、暴風が襲ったのである。

「暴風の記述の背景には、三浦半島の勢力が大和政権に抵抗し、敗北したことがある」

神奈川県藤沢市郷土歴史課の荒井秀規学芸員はそう話す。大和政権の相模国進出は二段階とされる。三世紀末～四世紀前半、上下関係を固定しないゆるやかな同盟関係を結び、四世紀後半から従属を迫る進出があった。その際の戦いで、制海権を握っていた地元勢力が「渡の神」のモチーフではないか、という指摘である。

同県逗子市、葉山町境で出土した長柄桜山古墳群は四世紀代の築造。畿内式の前方後円墳二基で、いずれも県内最大級の全長九〇メートル前後あり、三浦半島の権力者を埋葬したとみられる。

「この地では四世紀中ごろ、急に大規模な前方後円墳が登場しました。抵抗する勢力が畿内式を採用できたとは考えにくい」

かながわ考古学財団（横浜市）の柏木善治調査研究部長はそう話し、同古墳築造の時代には三浦半島は大和政権に服属していたと推測する。

〈妾《やつこ》、御子に易《か》はりて海に入らむ〉

暴風に翻弄される船で、ヤマトタケルにそう言ったのは后《きさき》、弟橘比売命《おとたちばなひめのみこと》だったと古事記は書く。オトタチバナヒメが身を投じると、荒立つ波が収まった。

同県横須賀市走水の走水神社は、ヤマトタケルと共にオトタチバナヒメを祭る。ヤマトタケルが臨時の御所《ごしょ》を設け、軍旗を立てたと伝わる岬は御所ケ崎とも旗山崎《はたやま》とも呼ばれる。その沖合にはオトタチバナヒメが侍女と一緒に身を投じたと伝わる「むぐりの鼻」がある。

「偉業の陰の妻の献身は、女性なしで歴史は語れないことを示しています」

同市在住の歴史研究家、鈴木かほる氏はそう話す。

海神の地

走水の海で暴風を起こした「渡の神」は、日本書紀では「海神《わたつみ》」と記される。読み方は違うが、海神《かいじん》の名のつく地が千葉県船橋市にある。房総半島に上陸したヤマトタケルが干天《かんてん》続きで疫病も流行したため苦戦し、雨乞いの儀式を行った。すると、海上に光り輝く船が見え、船の柱に神鏡があったため、宮をつくって祭ったのが由来だ。

同市飛ノ台史跡公園博物館の中村宜弘《たかひろ》学芸員は「ヤマトタケルはこの地で賊徒と戦って苦労したと伝わっています」と話す。伝承は、記紀に登場しない苦難を浮き彫りにしている。

2 航海安全の祈り象徴

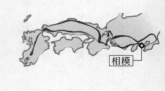

「御子は遣《つか》はさえし政《まつりごと》遂げ、覆奏《かへりごとまを》すべし」

走水の渡の神が起こす荒波に翻弄される船中で、后の弟橘比売命は、倭建命にそう言い残して海中に入った。夫は任務を成し遂げ、天皇に報告しなければならないから、自分が身代わりになって入水するというのである。古事記は続ける。

〈海に入らむとする時に、菅畳八重《すがだたみやへ》・皮畳八重・絁《きぬ》畳八重を以《も》ち波の上に敷きて、其の上に下り坐《いま》す。是に其の暴《あら》き浪自《おの》づから伏し、御船え進みき〉

波の上に敷物を重ねて座る不可思議な行動。酷似した表現が、古事記の日向三代、「海佐知と山佐知」の段にある。

〈みち（アシカ）の皮の畳八重を敷き、また絁畳八重を其の上に敷き、其の上に坐《いま》せて〉

ヤマトタケルの遠祖、火遠理命《ほをりのみこと》（山佐知毗古《びこ》が海の神、綿津見神《わたつみのかみ》の娘、豊玉毗売命《とよたまびめのみこと》と結ばれる際の描写である。ヤマサチビコはやがて、岳父ワタツミの力を借りて地上界を治め、トヨタマビメは跡継ぎの息子を生んで海に帰ってゆく。

「海の彼方の他界から来て、役目を終えて帰っていくトヨタマビメに連なる存在として、オトタチバナヒメが認識されていたことがうかがえる」

弘前学院大の入江英弥准教授はそう指摘する。

〈さねさし　相模《さがむ》の小野に　燃ゆる火の　火中《ほなか》に立ちて　問ひし君は

走水神社の「舵の碑」にはオトタチバナヒメの姿があしらわれている

も〉

オトタチバナヒメの辞世の歌も古事記は収めている。焼遺《やきつ》の豪族による火攻めの火中で、ヤマトタケルが我が身を案じてくれた場面を回想する歌である。

この歌は一九九八（平成十）年、国際児童図書評議会ニューデリー（インド）大会で、皇后陛下が幼少期の読書の思い出として触れられ、話題になった。

「どこか意志的なものが感じられ、弟橘の歌はあまりにも美しいものに思われました。愛と犠牲という二つのものが、私の中で最も近いものとして、むしろ一つのものとして感じられた、不思議な経験であったと思います」

皇后陛下はそう話された。

ヤマトタケルとオトタチバナヒメを祭る走水神社にはオトタチバナヒメを描いたプレートを付けた「舵《かじ》の碑」が立つ。国際婦人年の昭和五十年、地元の婦人有志らが発足人となり、浦賀水道の航行の安全を祈願したものだ。

プレートを作成したのは海洋画家の故飯塚羚児《れいじ》氏。飯塚氏は、先の大戦で撃沈された戦艦大和を描き、大和乗組員の三十三回忌にあたる五十二年、沖縄の旧海軍司令部壕に奉納した人だ。その際、プレートをかたどった石膏レリーフも奉納され、銘文には「走水神社に於ける弟橘媛命の入魂を以て新たに大和の艦霊と為《な》し」と刻まれた。「オトタチバナヒメは海に縁のある人々を慰霊し、航海の安全と平和への祈りを象徴する存在として、今にある」

事情を知る東京理科大の小林真美助教はそう語る。

入水譚　江戸期に拡大

オトタチバナヒメの存在が一般に広まるのは、版本が盛んに発行される江戸期で、近松門左衛門の『日本武尊吾妻鑑《やまとたけるのみことあずまかがみ》』などが知られる。入水譚は歌川広重らの浮世絵にも描かれた。明治以降、ヒメは国や夫に尽くす忠節の女性の鑑として教科書の題材となった。

大正二年には東京・芝公園に、日露戦争で撃沈された佐渡丸の乗組員を慰霊するヒメの銅像が立ったが、関東大震災で崩壊。走水神社の銅板プレートは、少年期に芝公園の銅像を見て感銘を受けた飯塚氏が、追悼の志を受け継いで制作した作品とされる。

3 妻しのぶ心 東国に刻む

千葉県木更津市富士見の八劒《やつるぎ》八幡神社。弟橘比売命の献身で走水の海を渡った倭建命が上陸した、と伝わるのがこの神社である。

〈尊《みこと》は無事に此《こ》の地にお着きになりましたが、姫の死を悼んでしばらく当社にご滞留になり……〉

神社の由緒はそう記す。地元には、漂着したヒメの袖を見たヤマトタケルが詠んだ歌も伝わっている。

〈君去らず　袖しが浦に立つ波の　その面影を　見るぞ悲しき〉

「嘆き悲しむ余り、この地を離れられないヤマトタケルの情景が浮かび、歌の『君去らず』が、木更津の地名の元だといわれています」

同神社の粟飯原《あいはら》輝胤《てるたね》権禰宜《ごんねぎ》はそう話す。

〈故《かれ》七日の後に、其の后の御櫛海辺《みくしうみべた》に依《よ》る。其の櫛を取り、御陵《みささぎ》を作りて治め置き〉

ヤマトタケルの行動を、古事記はそう記す。

弘前学院大の入江英弥准教授によると、東京湾一帯にはヒメに関係する神社が三十八カ所あり、大半が漂着した櫛や袖、布といった遺物を祭った縁起を持つという。

「流れ寄るものを神として祭る海辺の信仰を基盤に、航海の安全を守る女神として信仰されるヒメの伝承が、漁民や船頭らによって広まっていったのでしょう」

こうした神社の名前も、ヤマトタケルの悲しみを反映している。漂着した櫛を馬の背に乗せて遷座する神事「馬だし」が今も行われる吾妻《あづま》神社（千葉県富津市西大和田）や、御召物が漂着したと伝える吾嬬《あづま》神社（東京都墨田区立花）

……。いずれも、東の国々を吾嬬国と呼ぶ由来として日本書紀が伝えるヤマトタケルの言葉を基にしている。

〈日本武尊、毎《つね》に弟橘媛を顧《しの》ひたまふ情有《みこころ》り。（略）東南を望みて三歎《みたびなげ》かして曰はく、「吾嬬はや」とのたまふ〉

この記述は東征の帰路、甲斐国でのものだ。大事を成し遂げてもなお、ヤマトタケルは、妻を忘れ得なかったのである。

傷心を抱えながらも、ヤマトタケルが東征を続けたことを房総半島の伝承は伝える。木更津から向かった先は鹿野山《かのう》（現千葉県君津市）。同山を拠点に上総地方を支配した豪族、悪縷王《あくる》（阿久留王《あくる》、悪路王《あくろ》とも）と戦った、と同市の『すなみふるさと誌』は書く。

〈尊は苦戦したが、山頂に諸神が現れ激戦の末、悪縷王は鬼泪山《きなだ》（富津市）に逃れ、東征軍の放った矢が眼に当って遂に尊は勝利を得た〉

鬼泪山の地名は、ヤマトタケルが鬼を泣かせるほどの猛々しい存在であったことを印象づける。

〈上総の叛徒を悉《ことごと》く討ち平らげ給ひて、此の地に至り給ひて、始めて媛の喪を発し〉

そう伝承するのは千葉県茂原市本納の橘樹神社《たちばな》。ヤマトタケルは遺品の櫛を納め、タチバナの木を植えて墓標代わりにしたという。

「東征を遂げるため、気持ちに区切りを打とうとされたのでしょう」

杉山正晃《まさてる》宮司はそう推察する。

弟橘比売命の故郷

記紀には、十一代垂仁《すいにん》天皇がタヂマモリという人物を海の彼方《かなた》の常世国《とこよのくに》に遣わし、橘の実を求めた話が載っている。橘は古代の柑橘《かんきつ》類の総称で、霊果として珍重されたと考えられる。その名をもつオトタチバナヒメには、遠い異国から来た女性のイメージがある。

一方、日本書紀はヒメについて〈穂積氏《ほづみのうぢの》忍山宿禰《おしやまのすくね》が女《むすめ》なり〉と書く。穂積氏は古代の祭祀氏族とされ、記述を重視すれば、神と人を媒介する巫女のイメージとなる。忍山宿禰の造営伝承が残る三重県亀山市の忍山神社は、亀山をヒメの誕生地と伝えている。

4

蝦夷《えみし》退けた「徳」と「武」

〈悉《ことごと》く荒ぶる蝦夷《えみし》等を言向《ことむ》け、また山河の荒ぶる神等を平《ことむ》け和《やは》し〉房総半島から先の倭建命の遠征について、古事記はこう書くのみで、どこを平定したかわからない。疑問を解消してくれるのは日本書紀だ。

〈上総より転《めぐ》りて陸奥国《みちのくのくに》に入りたまふ〉

下総などを経ずに海路で一気に、東北に入ったというのである。上陸地は竹水門《たかのみなと》。現在の宮城県七ケ浜町湊浜にあたるとされる。福島県から続く砂浜が、仙台湾に突き出た半島に出合うところだ。

「ここの沖は岩礁が多く、当時は内湾に続く水路もあり、上陸地点と考えるのは自然です」

同町歴史資料館の田村正樹学芸員はそう話す。浜では多くの蝦夷が、迎え撃つ構え

で集結していた。しかし、ヤマトタケルの船を見て威勢に恐れをなし、勝てないと悟ってことごとく、弓矢を捨てた。そして尋ねた、と日本書紀は書く。

〈「仰ぎて君が容《みかほ》を視《み》れば、人倫に秀れたまへり。若《けだ》し神か」〉

もしや神様か、と問われたヤマトタケルは高々と答える。

〈「吾は是現人神《これあらひとがみ》の子なり」〉

蝦夷たちは着物の裾を上げて海に入り、船を引いて岸に着けたという。

「まつろわぬ民である蝦夷が天皇の徳によって服従したとの記述は、中国を意識したものでしょう。日本は、中国と対等に渡り合える帝国だと示す狙いがあったと思います」

日本書紀の記述について東京大の多田一臣名誉教授はそう話す。実際には武力も用いられた。『陸奥国風土記』が、大和政権が置いた国造を追放した豪族と蝦夷の連合軍の抵抗を記録している。

〈土知朱《つちぐも》ら力を合せて防禦《ふせ》く。また津軽の蝦夷と謀りて、許多《ここだ》くの猪鹿弓猪鹿矢《さつゆみさつや》を石城に連ねて張りて官兵を射る〉

石で築いた柵に、猟で用いる弓を並べ、矢を浴びせたというのだ。しかし、ヤマトタケルの放った矢は〈雷《いかづち》の如《ごと》鳴り〉て蝦夷を退け、豪族らを射貫いた、と風土記は書く。ヤマトタケルの超人的な能力が強調されている。

〈仍《よ》りて面縛服罪《めんばくふくざい》す。故、其の罪を免《ゆる》したまふ〉

日本書紀は、ヤマトタケルが降伏した蝦夷たちを許し、首領だけを捕虜として随従させたと記す。

〈蝦夷既《すで》に平《たひら》ぎ、日高見国《ひだかみのくに》より還り〉

日高見国とは、日が昇る東方の国という意味で、ヤマトタケルはそこを東征の極限として帰路に就いた、と日本書紀は記す。

「ヤマトタケルは東征先の各地で神々を祭ってきたが、ここが最北といわれています」

そう話すのは、岩手県一関市にある配志和《はいしわ》神社の岩山芳憲宮司である。同神社は、ヤマトタケルが祖先の天孫ニニギノミコトらに祈り、奥州鎮護の祠《ほこら》を建てたのが創始。

天孫降臨の模様を行列などで再現する式年大祭は、同市付近でヤマトタケルが東征を終えたことを想像させる。

大和政権と蝦夷

東北学院大の熊谷公男教授によると、大和政権は東北などに住む服属しない人々を、中国の華夷思想の影響を受けて「蝦夷」と呼んだ。蝦はエビの意味で、中国では多毛や長い毛などを象徴し、異相の民だと主張するために使われた政治的用法だという。

蝦夷と呼ばれた人々は、時代や地域によって稲作、狩猟といった生活手段や言語で多様な形態があり、均一な集団ではない。戦前に支配的だった蝦夷アイヌ説（異民族説）や戦後に優勢になった蝦夷非アイヌ説（辺民説）は現在、一面的な見方として退けられている。

5 常陸の地「理想の統治」

〈日高見国《ひだかみのくに》より還りて、西南常陸を歴《へ》て〉

倭建命の東征で、日本書紀が北関東で唯一触れるのが常陸国（現茨城県）である。古事記は、甲斐まで帰った際のヤマトタケルの歌を載せている。

〈新治《にひばり》　筑波を過ぎて　幾夜か寝つる〉

現在の茨城県下妻市から笠間市にかけての地域と、つくば市、土浦市の地域を指す地名を挙げて、軍旅を振り返る歌である。

「新治は、大和政権が新しく治めた地という意味の地名で、東征の際にはすでに勢力圏だった。ヤマトタケルにとっては東北遠征のためのベースキャンプのような場所で、そこまで帰ると安堵《あんど》したのでしょう」

笠間市でヤマトタケルをご祭神にする来栖神社の来栖行正宮司はそう話す。同神社

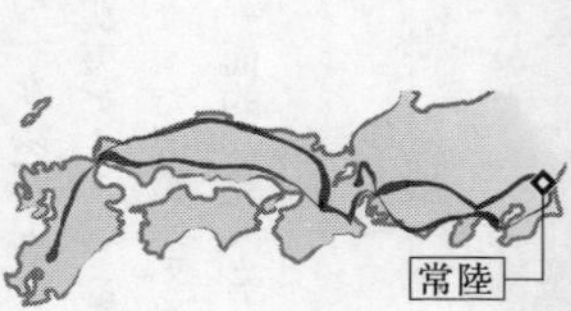

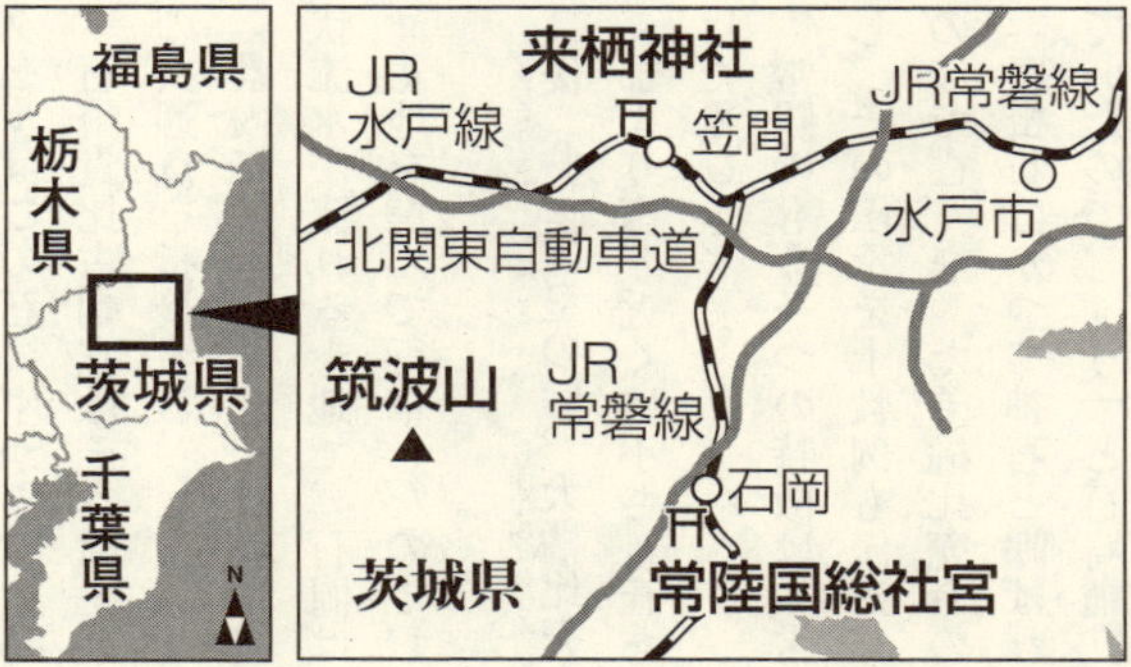

の伝承では、長い行軍で疲れていたヤマトタケル一行のために、彦市という若者が山で栗を拾い集め、差し出した。その美味に感じ入ったヤマトタケルは、うまい栗がたくさん実る地と認め、「くりのす」と名付けた。それが「来栖」の由来という。

「彦市は私の先祖で、宮司としては私は五十代目に当たります」

常陸国総社宮（同県石岡市）の境内に残る腰掛石もヤマトタケルの安堵を今に伝えるものだ。同宮は、石岡台地に置かれた常陸国国府の跡に隣接し、遮断物のない古代には西に筑波山や霞ケ浦を見渡せた。腰掛石は、ヤマトタケルが同宮創建前、ここに座って眺望を楽しんだと伝わるものだ。

「眺望の先には大和があるわけですから、ヤマトタケルはこの石に座って、故郷を懐かしんだのではないでしょうか」

石崎貴比古禰宜《ねぎ》はそう話す。その上で、ヤマトタケルの足跡が残る笠間、石岡両市の共通点を指摘する。

「県内で日本酒の蔵元は現在、四つあるが、いずれも笠間と石岡。筑波山のきれいな伏流水が流れる土地で、石岡は『関東の灘』ともいわれる。ヤマトタケルはこの水の湧く地を選んで行軍したのでしょう」

〈倭武天皇《やまとたけるのすめらみこと》の后、大橘比売命《おほたちばなひめのみこと》、倭より降り来て、この地に参り遇《あ》ひたまひき〉

〈郡より南、近くに小さき丘あり。体、鯨鯢《くぢら》に似たり。倭武天皇、よりて久慈と名づけたまひき〉

常陸のもう一つの特徴は『常陸国風土記』が、ヤマトタケルを「倭武天皇」と表記し、その伝承を十数例も伝えていることである。風土記が書く「大橘比売命」は走水の海で亡くなった弟橘比売命《おと》のことだ。

「腰掛石はかつて神石と呼ばれていた。常陸の人はヤマトタケルを天皇のように思っていたのでしょう」と石崎禰宜は言う。来栖宮司は、ヤマトタケルの統治手法が理想の天皇そのものだったと指摘する。

「当社のご神体は剣の形をした青い石ですが、もともと村人が大事にしていた物で、ヤマトタケルに献上したところ、わが身と思って大事にしろと返された。略奪しない権力者なので、天皇のように尊敬されたのでしょう」

常陸国

地名の由来の一つが、倭武天皇が新治で井戸を掘らせた時のものだ。湧き出した水が清く澄んで美しかったため、ヤマトタケルが乗り物を止めて手をつけたところ、袖をぬらした。袖を「ひたす」という言葉から常陸という国名になったという。

『常陸国風土記』が編纂《へんさん》された奈良時代、日本の人口は約五百万人と推計されるが、二十二万人が住んでいたと記されている。山海の幸に恵まれた豊かな土地で、民は「常世の国（理想郷）」と考え、四段階あった国の等級で最上位の「大国」に分類されていた。

ヤマトタケルがオトタチバナヒメの喪を発した地と伝わる橘樹神社
(千葉県茂原市)本文 143 ページ

常陸国総社宮に伝わるヤマトタ
ケルの腰掛石(茨城県石岡市)
本文 149 ページ

第七章

東征帰路

ヤマトタケルは東征の帰路、甲斐・酒折宮《さかおりのみや》で、これまでの苦労をしのんで歌った。たき火番をしていた老人が即妙に歌を継いだ。〈かがなべて　夜には九夜《ここのよ》　日には十日《とをか》を〉。感心したヤマトタケルは老人を国造に抜擢した。

新治《にひばり》　筑波《つくは》を過ぎて　幾夜か　寝つる

1

「坂の神」下し威光示す

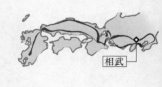

〈還《かへ》り上り幸《い》でます時に、足柄の坂下《さかもと》に到り〉

東国で荒ぶる蝦夷《えみし》と山河の神どもを平定した倭建命《やまとたけるのみこと》の帰路について、古事記はこう記す。足柄とは相武《さがむの》国の西にある足柄峠（現神奈川県南足柄市）で、現在の静岡県境に位置し、群馬、長野県境の碓氷《うすい》峠とともに大和政権圏と「あづま」を隔てる大きな境界だった。

〈御粮食《みかりて》す処に、其の坂の神、白き鹿に化《な》りて来立《きた》つ〉

坂下、つまり峠を越えたところで変事が起きた。食事をするヤマトタケルの前に現れた坂の神の意図を、古事記は書いていないが、信濃国を舞台に白い鹿の伝承を記す日本書紀は〈王《みこ》を苦しびしめむとして〉とする。新たな敵が出現したのである。

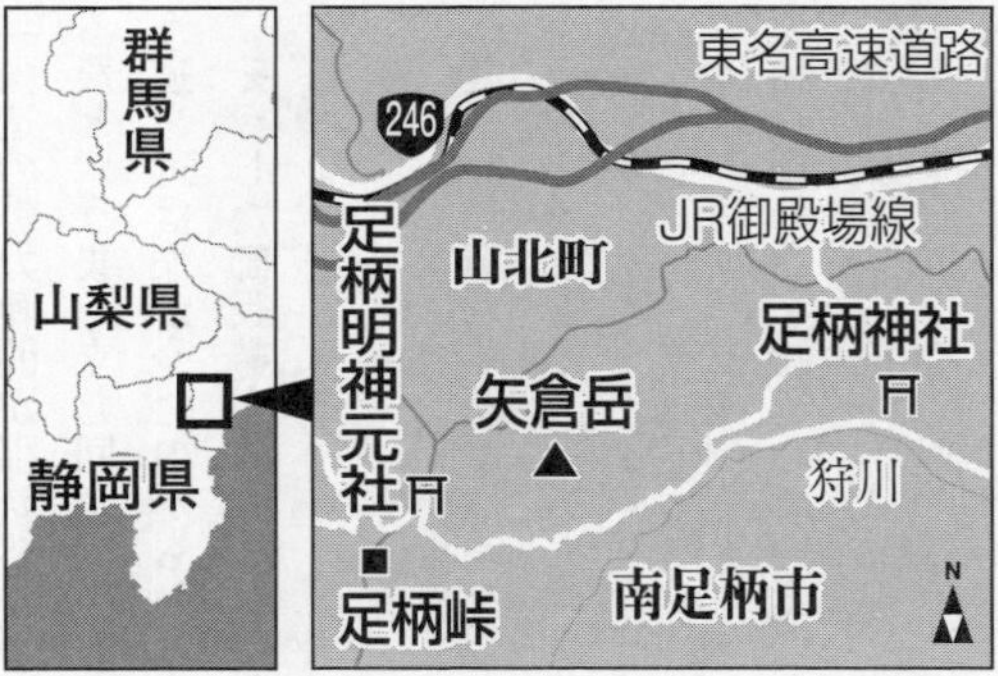

「後に相模国になる地域の西部を支配していた師《し》長国造《ながのくにのみやつこ》の前身勢力と、大和政権の衝突をモチーフにした伝承でしょう」

神奈川県藤沢市郷土歴史課の荒井秀規学芸員は、そう説明する。「坂の神」はこの後、科野《しなの》（信濃）国でも現れる。その付近を支配する在地勢力の首領といった意味で、熊曽建《くまそたける》や離反した国造のような人物として書かれていないのは、大和政権が把握していなかった在地勢力だったからだ。そうした勢力をもヤマトタケルが切り従えていったことを、走水《はしりみづ》の海（浦賀水道）で現れた「渡《わたり》の神」や「坂の神」という記述は示している。

相模国は後に、相武国造と師長国造の勢力圏に三浦半島を統合して成立した。その後、師長国造は支配地域を次々と失い、勢力圏は余綾《よろぎ》郡礒長《しなが》郷にまで縮小したとされる。

「国造の勢力範囲が郡レベルより小さな郷になるのは珍しい。大和政権に早く従属するなど、うまく立ち回って勢力を保ったケースはあったとみられるが、師長はそういう道を選ばなかったのかもしれません」

そうした師長勢力の選択を、ヤマトタケルの前に現れた白い鹿は象徴しているのかもしれない。

〈其の咋《く》ひ遺《のこ》れる蒜《ひる》の片端を以ち、待ち打ちたまへば、其の目に中《あた》り、打ち殺しつ〉

ヤマトタケルが食べ残しの蒜を投げつけると、目に命中して鹿は絶命した、と古事記は書く。蒜とはノビルやネギ、ニンニクの総称で、強い臭気で邪を祓《はら》うと考えられていた。その蒜で在地勢力の権威を象徴する鹿を簡単に殺したと書くことで古事記は、大和政権の力を誇示しているのだ。

〈坂東人《ばんどうびと》の誇りを守った古代の英雄〉

坂の神をかつて足柄明神として祭っていた足柄明神元社（神奈川県南足柄市）の案内板はそう書く。社殿は今はなく、石祠《せきし》と白鹿立像が伝承を伝える。

「大和政権圏との境界を勢力圏にしていた坂の神は、東国の誇りをかけて畿内の支配に挑んだのではないでしょうか」

地元で観光ボランティアガイドを務める市観光協会の飯山滋副会長はそう話す。

古代にはなかった「峠」

古事記は、足柄峠を「足柄の坂」と表記している。古代には「峠」という漢字がなかったからだ。「坂」は境《さかい》を意味し、故郷に別れを告げる人に対して、前途の安全を祈るお祭り「手向け」が行われる場所だった。この「たむけ」が転じた「とうげ」を表現するために、後に作られた国字が「峠」なのだ。

奈良時代、防人《さきもり》などとして都に上る東国の人たちにとって峠は、重要な手向けの場所だった。万葉集に足柄峠を詠んだ防人歌が多くあるのはこのためである。

2

あづまはや
雲海に絶唱

〈「あづまはや（ああ、私の妻よ）」〉

古事記は倭建命が、白鹿に化けた坂の神を打ち殺した後、足柄峠を登って三度も嘆息し、こう言ったと書く。走水の海（浦賀水道）を鎮めるために身を投げた弟橘比売《おとたちばなひめ》命《のみこと》をしのんだのである。

〈故其《ゆえに》の国を号《なづ》けて阿豆麻《あづま》と謂ふなり〉

古事記はそう続ける。妻の犠牲と引き換えに平定した東国を「あづま」と名付けたと書くことで、大和政権が支配下にしたことを強調する意図がのぞく。

日本書紀はヤマトタケルの嘆きを、足柄峠からはるかに北の碓日嶺《うすひのみね》（碓氷峠）での出来事として記す。現在の群馬県から長野県に抜ける峠である。

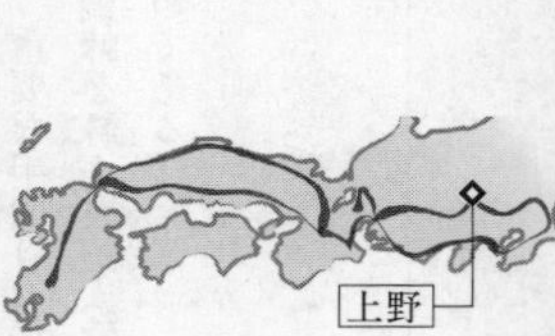

〈甲斐より北武蔵・上野《かみつけの》を転歴《めぐりへ》て、西《にしのかた》碓日坂に逮《いた》ります〉

日本書紀は、ヤマトタケルの経路をそう書く。埼玉県神川町の金鑽《かなさな》神社には、その際の伝承が残る。

「叔母のヤマトヒメに授けられた火打ち石を山に納めて御霊代とし、天照大御神《あまてらすおおみかみ》と須《す》佐之男命《さのおのみこと》を祭ったのが当社の起源とされています」

金鑽俊樹宮司はそう話す。火打ち石は、ヤマトタケルが焼遺《やきつ》（焼津）で火攻めにあった際、迎え火をつけて突破するために使ったものだ。

「地元では戦時中、弾よけのお守りとして火打ち石を用意し、戦場に携えたそうです」

ヤマトタケルの経路とされる北関東は、十代崇《す》神《じん》天皇の子孫にあたる上毛野氏《かみつけのうじ》が統治を担うなど、古くから大和政権の支配下にあった。そこを遠回りしても通ったと日本書紀が書く理由を、群馬県立女子大の熊倉浩靖教授はこう推測する。

「大和政権の分国といえるほど重要な東国の拠点を示すため、日本書紀はあえて迂回させたのでしょう。碓氷峠で『吾嬬《あづま》はや』と絶唱することで、その存在を際立たせています」

古代東山道にあった碓氷峠は、大和と東国を結ぶ主要ルートだが、群馬県側に屏風《びょうぶ》のように山々が立ちはだかる難所。近代の鉄道ものこぎり状の第三のレールに歯車をかみ合わせるアプト式を採用したほどだ。

旧道の峠に建つ熊野皇大神社《こうたい》には、ヤマトタケルが濃霧にあって道に迷い、八咫烏《やあたからす》の先導で峠を登った伝承が残る。カムヤマトイハレビコノミコト（初代神武天皇）も導いた八咫烏の助けを熊野神霊の加護と考え、熊野三社を祭ったのが創建の由来という。

「ここから海は遠いのですが、雲海が見えます。ヤマトタケルは雲を海のように感じて、オトタチバナヒメをしのんだのでしょう」

水沢光男宮司はそう言う。標高約一二〇〇メートルの峠からは、折り重なる山々の後ろに関東平野が見える。

「日本書紀は、土地の支配を単なる説明ではなく、叙情的な物語に仕上げた。古代の官僚の技量は、見事なものです」
熊倉教授は、国史としての日本書紀の性格を踏まえて、そう語る。

上毛野氏

現在の群馬県付近を拠点とした氏族。大和政権の東国統治や蝦夷平定に深く関与した。

日本書紀によると、祖先は十代崇神天皇の皇子で東国統治を命じられた豊城入彦《とよきいりびこ》命《のみこと》。十二代景行《けいこう》天皇は命の孫の彦狭島王《ひこさしまのみこ》を東山道十五国の総督に任命したが、王は任地到着前に病没し、悲しんだ東国の民が遺骸を盗んで上野国に葬った。

王の子、御諸別王《みもろわけのみこ》が派遣されて善政を敷く一方、蝦夷を掃討し、子孫は代々この地を治めたという。奥州遠征も行い、岩手県奥州市の駒形神社には上毛野氏一族による創建伝承がある。

3

「東国を掌握」歌に込め

〈甲斐に越え出で、酒折宮《さかをりのみや》に坐《いま》しし時に歌ひて曰《の》りたまはく〉

古事記は倭建命が、足柄坂を越えて入った甲斐国（山梨県）の酒折宮《さかおりのみや》で、歌を詠んだと記す。東征の旅で「宮」が登場するのは、伊勢の大御神の宮（伊勢神宮）以来となる。

〈「新治《にひばり》　筑波《つくは》を過ぎて　幾夜《いくよ》か寝つる」〉

ヤマトタケルは、茨城県内にそびえる筑波山周辺の新治、筑波から酒折宮に至る旅の宿りの数を、歌に乗せて問うた。歌い継いだのは「御火焼《みひたき》の老人《おきな》」。宮のかがり火を焚《た》く老人だった。

〈「かがなべて　夜《よ》には九夜《ここのよ》　日《ひ》には十日《とをか》を」〉

日を数えると九泊十日となります――。現代風に訳すとたわいもない内容だが、ヤ

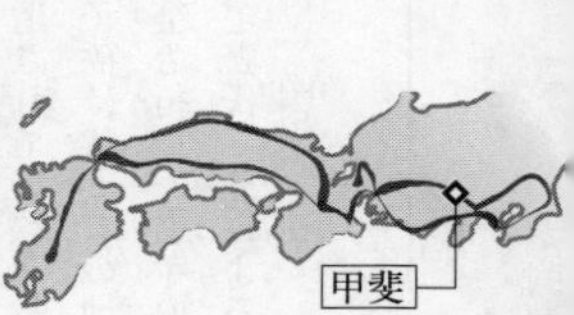

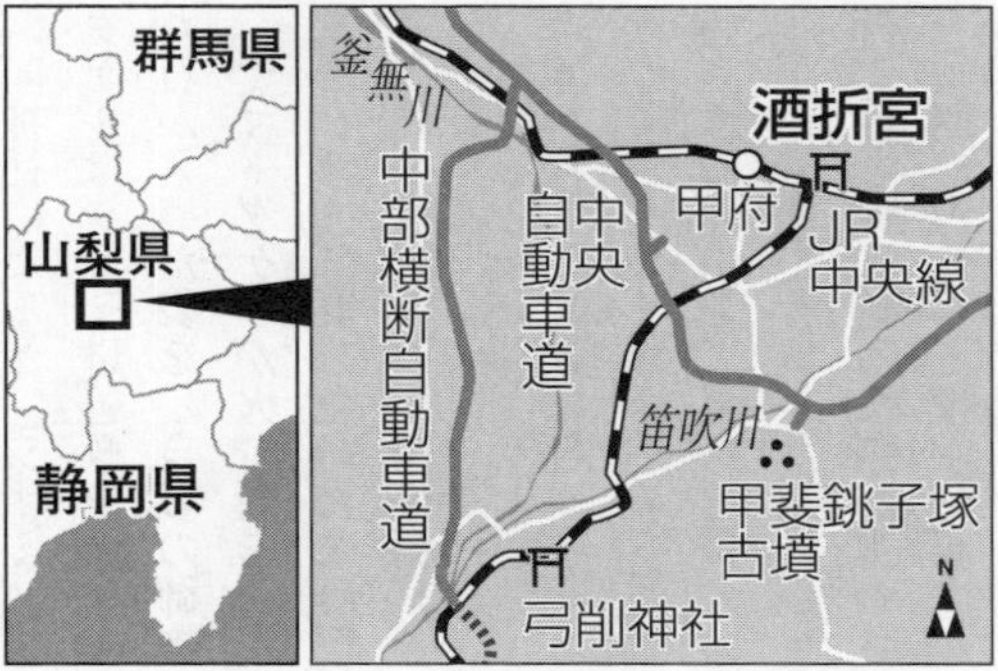

マトタケルの心を満たしたことを、次の一文が物語る。

〈是《ここ》を以《も》ち其の老人を誉《ほ》め、東の国造を給ふ〉

返歌を受けてヤマトタケルは、御火焼の老人を、東国を治める地方官の重職に任命したのである。

甲府盆地を北縁から見渡す月見山の麓に、酒折宮（山梨県甲府市酒折）が鎮座する。ヤマトタケルと御火焼の老人が歌を交わした故地と伝える神社だ。由緒にこうある。

〈尊（ヤマトタケル）はしばらく御滞在になり国内（甲斐）を巡視なされ、やがて信濃国に向はせ給う時、塩海足尼《しほみのすくね》を召して「汝は此《こ》の国を開き益を起し、民人を育せ、吾、行末ここに御霊《みたま》を留め鎮まり坐すべし」と宣《の》り給ひて火打嚢《ひうちぶくろ》を授け給へり〉

同神社によると、シオミノスクネは御火焼の老人と同一人物と考えられる。ヤマトタケルはシオミに善政を命じ、一五九ページで紹介した金鑽神社の伝承と同様、火打ち石が入った袋を、自らの御霊として授けたのだ。

「ヤマトタケルが火打嚢を身から離したことは武装解除を意味し、平定した東国の統治をシオミに託したのだと理解できます」

由緒の真意を、飯田直樹宮司はそう解釈する。

酒折宮の問答歌は日本書紀も記すが、歌を返す人物は「御火焼の老人」ではなく、かがり火を焚く職掌名の「秉燭人《ひともしひと》」で、老人かどうかはわからない。古事記が老いを強調する理由を、東京理科大の小林真美助教はこう推察する。

「長い時間を背負った人物が夜と日を数えることで、新治、筑波からの時間と距離の確実性を保証する役割が担わされた」

時間は古代、王権が発布する暦《こよみ》で管理された。暦を通じて旅した日を数え、王権の支配が及ぶ東国の領域を、より正確に言い当てるものとして、老いの要素が重要だったという指摘である。

「ヤマトタケルが王権の象徴的な権力である『時間』を確実に掌握し、東国を中央の秩序に収めたことを、老人は教えたのです」
一見、たわいのない問答歌は、東征を振り返り、充足するヤマトタケルの心を描いている。古事記は、歌謡を効果的に使っている。

塩海足尼

平安時代前期の史書『先代旧事本紀《せんだいくじほんぎ》』には、十二代景行天皇の時代に甲斐の国造に定められた人物とある。出自について狭穂《さほ》彦王《びこのみこ》（古事記では沙本毘古王《さほびこのみこ》）の子孫と書かれている。

サホビコは九代開化《かいか》天皇の孫で、十一代垂仁《すいにん》天皇の皇后になった妹の狭穂姫《さほびめ》に、天皇の暗殺をそそのかした皇族。兄と夫の両方を愛するサホビメの涙で謀反の計画を知った天皇は、サホビコを討ったが、サホビメは兄とともに死を選んだ。景行天皇の御子、ヤマトタケルが重用したのは、悲劇的な反乱伝承を持つ皇族の子孫だった。

4 水運要地で側近と別れ

〈是の宮に居《ま》しまして、靫部《ゆけひのとものを》を以ちて大伴連《むらじ》が遠祖武日《たけひ》に賜ふ〉

日本書紀は酒折宮での倭建命について、さらにこう書く。武日とは、側近として東征に随行した大伴武日連。靫部は、弓矢の入れ物「靫《ゆき》」を身に着けた軍事、警衛の職務を指す。ヤマトタケルが靫部という称号を与えたことは、甲斐に入ることで東征がほぼ終了したことを暗示する。

武日は今、山梨県市川三郷町の弓削《ゆげ》神社に祭られている。神社のある地は、甲府盆地の中央を貫く笛吹川が釜無川と合流し、駿河湾に注ぐ富士川と名を変える水運の要地である。靫部となった武日について、社伝はこう書く。

〈此地に留まり、居館を造営し、此周辺一帯を治めた〉

近接する墳墓には、武日が眠ると伝承される。武日はここでヤマトタケルと別れ、

酒折宮付近から望む甲府盆地。東には富士山が見える

大和に帰らなかったのである。
「(国造に抜擢された) 御火焼《みひたき》の老人《おきな》の片腕になって、東国経営を支えたのかもしれません」

甲斐を中心に、大伴一族に関係する神社や伝承が分布する事実も踏まえ、斎藤實宮司はそう想像する。

〈本州九筋ヨリ他国に通ズル路九条アリ(中略)、皆ナ酒折ニ路首ヲ発起ス〉

江戸時代の地誌『甲斐国志』は酒折の地が、九つの街道の起点となる要衝と説明する。「九筋」とは、駿河への若彦道や武蔵への青梅街道、信濃への逸見《へみ》路など中世以前の古道のことだ。
「酒折宮が物語の舞台になっていることは、

道を造りながら地方を平定していくヤマトタケルの役割をよく表している」

山梨大の大隅清陽教授はそう語る。大和政権の伸張が甲斐を起点に行われたことは、前期古墳時代に東日本最大規模を誇った甲斐銚子塚古墳があることでも推論できる。

「大和王権にとっては甲斐もまた、東方に進出するための重要な前線基地だったのです」


甲府市酒折は現在、「連歌発祥の地」と呼ばれ、この地にある山梨学院大は酒折連歌賞を主催する。酒折連歌は、「五七七」の音数で問答する形を基本とし、ヤマトタケルと御火焼の老人の問答形式にのっとっている。

「新治　筑波を過ぎて　幾夜か寝つる」

「かがなべて　夜には九夜　日には十日を」

記紀がそろって書き残す問答歌について、酒折連歌賞実行委員会の川手千興顧問はこう話す。

「ごく単純な問答に見えるが、その中にヤマトタケルの体験が凝縮されているように感じます」

酒折は江戸時代、甲斐藩主、柳沢吉里が定めた『甲斐八景』の一つとして、和歌にも詠まれた名勝だ。その地で歌に取り組む川手氏はこうも話す。

「歌うことは心に潤いを与えること。ただ勝ちどきを上げるのではなく、これまでの道のりを回顧したヤマトタケルは、豊かな文学的素養も持っていたのでしょう」

甲斐銚子塚古墳

四世紀後半に甲府盆地に造営された全長一六九メートルの前方後円墳。石室の構造や貝輪などの副葬品が、大和王権との密接な関係を示す。同様の古墳は信濃、甲斐、駿河に分布しており、この南北ラインを四世紀の王権の勢力圏東限とする見方もある。

副葬品の三角縁神人車馬鏡は、岡山県の備前車塚古墳（四世紀初頭）などと同范《どうはん》（鋳型が同じ）の鏡。大伴武日連とともに副将格で東征に随行した吉備武彦との関係が指摘される。被葬者を、酒折宮がヤマトタケルの問答相手と伝承する塩海足尼とする説もある。

5 古代の大動脈 険しき峠

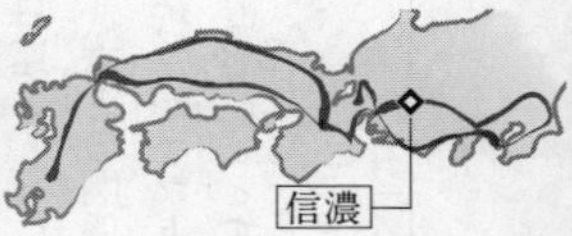

近江国（滋賀県）を起点に美濃（岐阜県）、信濃（長野県）、上毛野《かみつけの》（群馬県）、下毛野（栃木県）を経て陸奥・出羽国（東北地方）へ延びる古代東山道。美濃と信濃を分ける神坂《みさか》峠は標高一五七六メートル。約千キロを数える古代東山道最大の難所である。

〈科野国《しなののくに》に越え、科野の坂の神を言向《ことむ》けて尾張国に還り来て〉

東征を終えた倭建命の最後の苦難として、古事記が書く「坂」が、神坂峠である。

「つい最近まで中津川の人が、徒歩で峠を越えてお参りに来て、一晩泊まって帰っていた。峠越えはたっぷり一日かかりますね」

峠から約五〇〇メートル信濃側に下った地にある神坂《みさか》神社（長野県阿智村）の熊谷睦男宮司はそう話す。神社の境内には、信濃側から峠を越えたヤマトタケルが休息し

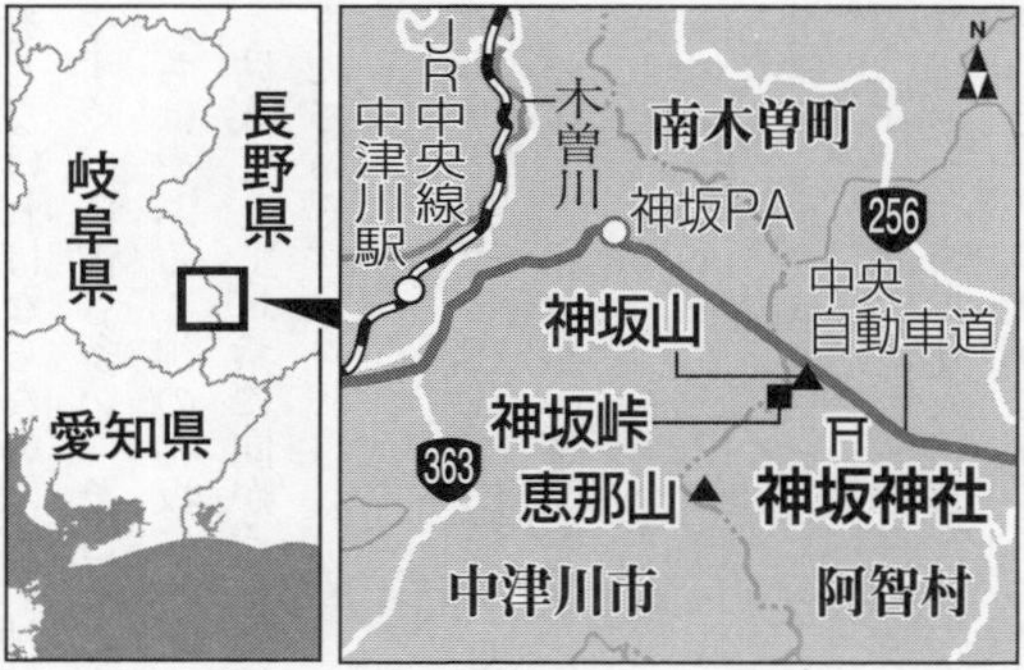

たと伝わる「腰掛石」がある。

「峠を越えればあとは木曽路。近くには富士山まで見えるとされる富士見台もある。ヤマトタケルもほっとしたのではないでしょうか」

悪神が白鹿に化けてヤマトタケルの前を塞ぎ、噛《か》んでいた蒜を投げつけられて死ぬ伝承は、神坂峠にも残る。阿智村の伝承では、それ以来地元の人々は、蒜を噛んで峠を越えれば妖気に打たれないと信じ、村内の地名、昼神（蒜噛）温泉の由来になった。

「だから古事記の書く『言向け』は、峠の神を祭って安全祈願したということではないかと私は考えています。峠はもう、大和政権圏の玄関口ですから」

同村教育委員会の中里信之氏はそう話す。祭りをしなければならないほど、神坂峠は険しい。冬は雪に閉ざされ、夏は濃霧がかかりやすく、落雷も多い。そこでの安全を願う気持ちは万葉集にも詠まれている。

〈ちはやふる　神の神坂に幣《ぬさ》まつり　斎《いわ》ふいのちは　母父がため〉

防人として筑紫に向かう信濃埴科《はにしな》郡の住人の歌は、神坂神社の境内に石碑として刻まれている。

神坂峠を通る古代東山道が官道として整備されたのは大宝二（七〇二）年である。その後、大和政権の東国への「支配・軍事の道」「防人の道」「納税の道」として重宝された。

大宝二年は四十二代文武《もんむ》天皇の治世。古事記編纂《へんさん》を命じた天武《てんむ》天皇から二代後の天皇のもとで整備された大動脈に、ヤマトタケルの伝承を書き残すことは、古事記にとっても重要だったのだろう。

「西の人、つまり大和政権側の人間にとっても神坂峠は、あづまという別世界への入り口という意識が強かったのではないかと、私は思います」

中里氏はそう話す。新しい世界の東国に行って再起を期す、復活する偉人が多いという指摘である。

「源頼朝が典型ですし、徳川家康もそうでしょう。広大な新天地でビッグになる。ヤマトタケルもその一人かもしれませんね」

神坂神社

神坂山の中腹、標高一〇四〇メートルにあり、神坂峠までは古代東山道が残っていて約五キロ。普通に歩けば約二時間かかる。

ご祭神は表筒男命《うわつつをのみこと》、中《なか》筒男命、底筒男命の三海神でいわゆる住吉さま。境内には樹齢二千年以上の日本杉が二本あったが、明治二十五年の暴風雨で一本が倒壊して今は一本しかない。

神社と峠に至る途中には最澄が、山道に難渋する旅人のために建てた広拯《こうじょう》院があり、信濃比叡の呼称が許されている。駒つなぎの桜も沿道にあり、源義経が奥州に下る際、馬をつないで休息したと伝わる。

霧に包まれる足柄明神元社の白鹿像。坂の神の抵抗をしのばせる
（神奈川県南足柄市）本文 154 ページ

大和政権にとって甲斐が東方進出のための重要な前線基地だったことをうかがわせる甲斐銚子塚古墳（山梨県甲府市）本文 168 ページ

第八章

伊服岐能山《いふきのやま》（伊吹山）

東征から尾張国まで帰ったヤマトタケルは、東征を支えた草那芸剱《くさなぎのたち》を美夜受比売《みやずひめ》の元に置いて伊服岐能山に向かう。山の神を心配する声には、素手でも勝てると放言する。驕りが英雄の油断につながる。

茲《こ》の山の神は徒手《むなで》に直《ただ》に取りてむ

1 副将軍の悲報 深い嘆き

〈尾張国に還《かへ》り来て、先の日に期《ちぎ》れる美夜受比売《みやずひめ》の許《もと》に入り坐《ま》しき〉

科野《しなの》（信濃、長野県）と美濃（岐阜県）をつなぐ神坂《みさか》峠を越えた倭建命《やまとたけるのみこと》について、古事記はこう記す。東征に旅立つ時に婚約したミヤズヒメの家に帰ったのである。

ヤマトタケルが美濃と尾張を分ける内津《うつつ》峠を越えた時、悲報が舞い込んだ。その事情は、峠の尾張側に鎮座する内々《うつつ》神社（愛知県春日井市）の案内板が平易に伝えている。

〈東海道を帰られた建稲種命《たけいなだねのみこと》が、駿河の海で水死されたことを、従者の久米八腹《くめのやはら》が早馬で知らせて来ました。それを聞かれた尊《みこと》（ヤマトタケル）は「あの元気な稲種が……」と絶句し、しばらくして「現哉々々《うつつかなうつつかな》」と嘆かれ、その霊を祭られたのが内々神社の始めで、内々神社の前の宿場町を内津といいます〉

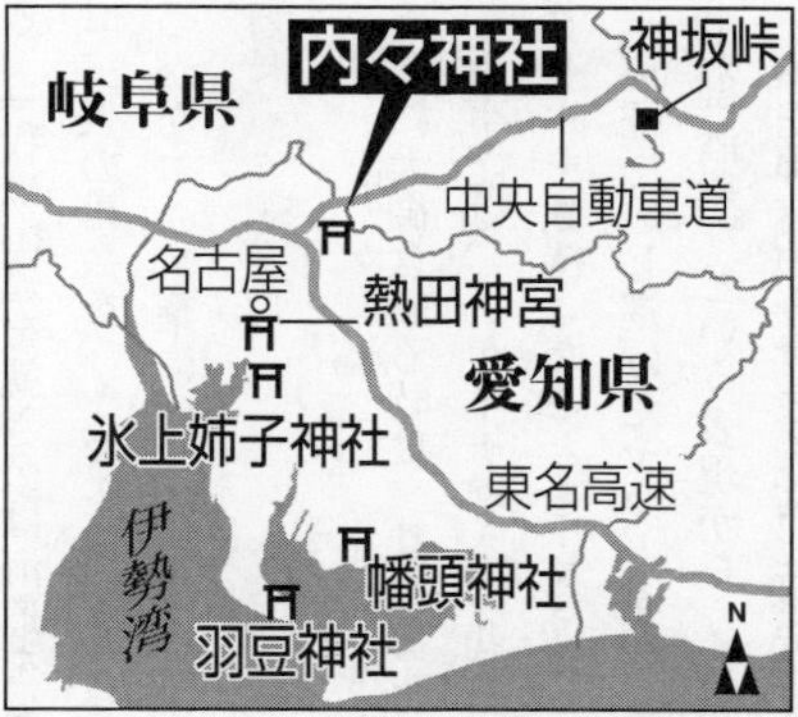

悲報が伝えられたタケイナダネは、ミヤズヒメの兄である。

「タケイナダネは、ヤマトタケルが信頼を寄せた副将軍でした」

大竹浩宮司はそう話す。東征でのタケイナダネの役割は、熱田神宮（名古屋市熱田区）の縁起書『尾張国熱田太神宮《だいじんぐう》縁起（記）』に詳しく書かれている。

〈（日本武尊《やまとたけるのみこと》が）稲種の公《きみ》と行路《ゆくみち》のことを議《はか》り定めて曰《のたま》はく、「我は海つ道《ぢ》より就《ゆ》かむ。公は山道に向ひたまへ。当《まさ》に彼《そ》の坂東《あづま》の国にて会はむ」と言辞《こと》約束《ちぎ》りて、各《おのおの》、向前程《すすみいでます》〉

尾張を起点に東征したヤマトタケルは、軍を海と山の二手に分け、山道をタケイナダネに任せたのだ。実際、二人は坂東の常陸（茨城県）で合流し、タケイナダネは山道の様子をつぶさに報告した。そして、ともに蝦夷を平定した後の帰路を、同縁起はこう記す。

〈日本武尊、稲種の公と更に議りて曰りたまは

く、「我は山道を就《ゆ》き公は海道を帰《ゆ》きて、尾張の宮酢媛《みやずひめ》の宅《いえ》に会はむ」〉

「三人の再会を、ヤマトタケルは何よりも楽しみにしていた。地名にもなった『うつかな』の言葉には、死を受け止めることのできない、深い嘆きが込められています」

〈是に大御食《おほみけ》献《たてまつ》る時に、其の美夜受比売、大御酒盞《さかづき》を捧げて献る〉

古事記は、タケイナダネの悲劇には全く触れず、ミヤズヒメが美食と美酒でヤマトタケルを歓待したことを書く。

「東征を成し遂げたヤマトタケルが、偉大な英雄と認識されたことが、『大御食』や『大御酒盞』という表現からうかがえる」

熱田神宮の野村辰美文化研究員はそう指摘する。二つの言葉は通常、神や天皇に使われるものなのだ。歓待の場所、つまりミヤズヒメの家は、現在の熱田神宮摂社、氷上姉子《ひかみあねご》神社（同市緑区）付近といわれる。

「ミヤズヒメは東征の成功を祝福し、労をねぎらったことでしょう。ヤマトタケルはこの地で、人生で最も平穏な日々を送ったのかもしれません」

航海安全の神となった建稲種命

『尾張国熱田太神宮縁起（記）』によると、タケイナダネは駿河の海で、鳴く声が面白く、羽が麗しい覚賀鳥《みさご》という鳥（魚を捕るタカ）を見つける。ヤマトタケルに献上しようと言って、船で追った時に海が荒れ、船ごと沈んで亡くなった。

遺体が漂着したと伝わる幡頭《はず》神社（愛知県西尾市）や、妻の玉姫ゆかりの地とされる知多半島南端の羽豆《はず》神社（同県南知多町）などに祭られている。豊臣秀吉は慶長二（一五九七）年、朝鮮出兵の戦勝を祈願して内々神社の杉七本を伐採、遠征船の帆柱にしたとされる。

2

聡明な妻と平穏な日々

〈美夜受比売、其のおすひの襴《すそ》に月経《さはり》を着く。故其の月経を見て、御歌に曰《の》りたまはく〉

古事記は、東征の大事を成し遂げて尾張国でミヤズヒメの歓待を受ける倭建命について、そう記す。ミヤズヒメの羽織の裾に月経の血がついていたので、歌にしたというのである。

〈ひさかたの　天の香具山　利鎌《とかま》に　さ渡る鵠《くび》　弱細《ひはぼそ》　撓《たわ》や腕《がひな》を　纏《ま》かむとは、我はすれど　さ寝むとは　我は思へど　汝が着せる　襲《おすひ》の襴に　月立ちにけり〉

天の香具山の空を、鋭く尖った新月のような姿で渡る白鳥。その長い首のように弱く、か細い、たおやかな腕をかき抱きたい、共寝をしたいと思うが、あなたが着ている羽織の裾に月が出てしまっているとは——。

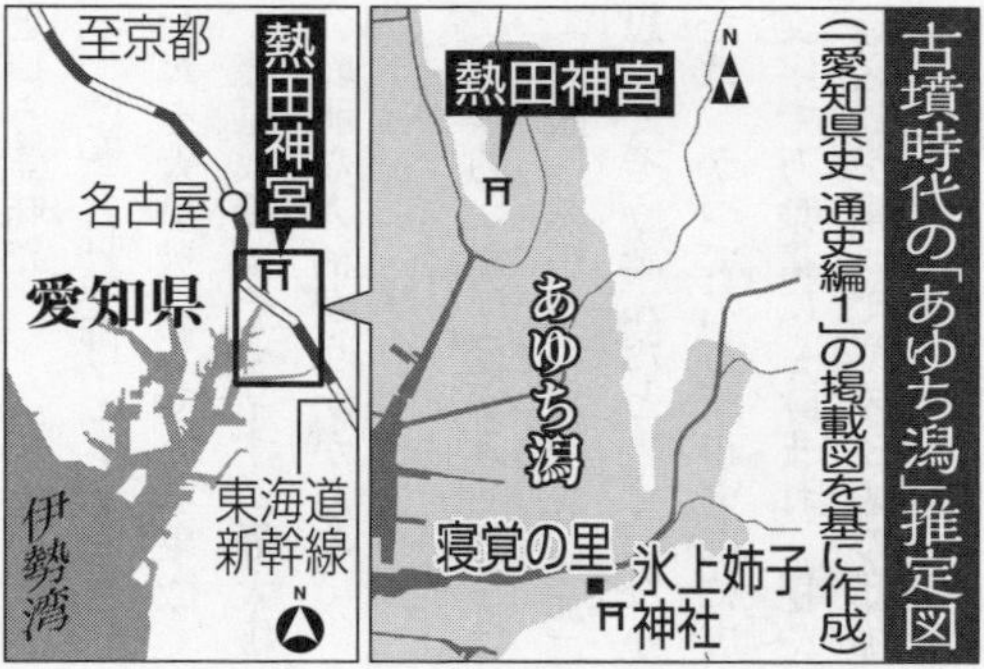

ヤマトタケルの失望と苦笑が想像できる歌だが、立命館大の藤原亨和《たかかず》教授はヤマトタケルの教養や知性を感じ取る。

「月の満ち欠けで暦《こよみ》見ていた時代なので、女性の月経周期を月の満ち欠けの周期に掛けていると考えられます」

〈高光る　日の御子《みこ》　やすみしし　我が大君《おほきみ》　あらたまの　年が来経《きふ》れば　あらたまの　月は来経《きへ》往《ゆ》く　うべなうべなうべな　君待ちがたに　我が着せる　襲《おすひ》の裾に　月立たなむよ〉

ミヤズヒメはそう返歌した、と古事記は書く。ヤマトタケルを日の神の御子、我が大君と呼び、あなたを待ちきれないで、羽織の裾に月が出たのでしょう、という歌である。「やすみしし我が大君」とは、国の隅々までも統治される、私の大君という意味だ。

「『高光る日の御子』とともに、天皇にしか使われない言葉。ミヤズヒメがヤマトタケルを天皇扱いしている象徴ではないでしょうか」

藤原教授はそう話す。最大級の敬意を込めて、すかさず返した歌から、ミヤズヒメの聡明な人柄がうかがえる。

〈あゆちかた　ひかみあねこは　われこむと　とこさるらむや　あはれあねこを〉

『尾張国熱田太神宮縁起（記）』は、ヤマトタケルが甲斐の酒折宮《さかおりのみや》で、ミヤズヒメを思ってそう詠んだと書く。ひかみあねこは氷上姉子で、ミヤズヒメの別名。あゆちかたは、かつて名古屋市南部に広がっていた遠浅のあゆち潟のことだ。年魚市《あゆち》潟という文字で万葉集にも詠まれ、穏やかな景勝地と伝わる。現在は氷上姉子神社（名古屋市緑区）が建つミヤズヒメの邸跡の近くには「寝覚《ねざめ》」という地名も残る。

「ヤマトタケルとミヤズヒメが、打ち寄せる波の音で目覚めた里と伝えられています。幸せな新婚生活を過ごした場所だったのでしょう」

同神社周辺で語り部などを行う「大高歴史の会」の深谷篤氏はそう話す。

〈倭武《やまとたける》天皇皇妃　宮簀媛命《みやずひめのみこと》宅趾〉

邸跡に立つ石碑の文言もまた、ヤマトタケルの業績と幸福感を示している。

熱田神宮の元宮と創祀

氷上姉子神社の「宮簀媛命宅趾」は、ヤマトタケルが伊勢神宮の倭《やまと》姫から授かった草薙神剣《くさなぎのみつるぎ》（古事記では草那芸釼《くさなぎのたち》）を祭る熱田神宮（名古屋市熱田区）の元宮とされる。神剣が最初に守られた場所だからだ。『尾張国熱田太神宮縁起（記）』によると、ヤマトタケルはミヤズヒメに神剣を授け、「私は都に帰り、必ずあなたを迎える」と言って伊吹山に向かい、亡くなる。ミヤズヒメは形見の神剣を家で大切に守り、老い衰えると、あゆち潟に突き出した岬の熱田の地を社地に定め、神剣を祭った。同神宮はこれを創祀とする。

3 剣持たず…英雄の驕り

ＪＲ名古屋駅から北西に車で約三十分。萱津《かやづ》神社（愛知県あま市）は、熱田神宮から伊吹山に向かう途中といっていい場所にある。

〈日本武尊《やまとたけるのみこと》（倭建命）御東征の途参拝あり〉

社伝にそうある。詳しい伝承は次の通りだ。

東征の道すがら立ち寄ったヤマトタケルに村人が、漬物を献上して霊験を話したところ、ヤマトタケルは感慨深げにつぶやいた。

「藪に神物《こうのもの》」

この言葉が今日の「香の物」となり、ヤマトタケルが熱田に祭られた後、村人は熱田神宮に漬物を特殊神饌として献進している――。

「津という名がついているように、このあたりは古代、港で塩を産したし、肥沃な土

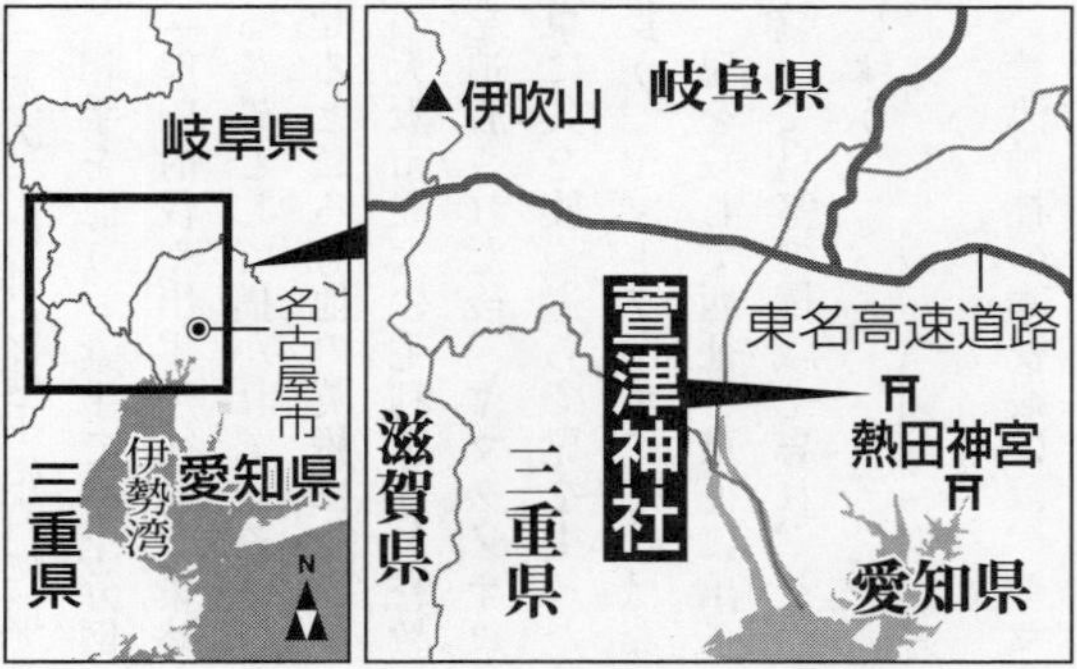

地で茄子や瓜などの物なりもよかった。それで漬物文化が発達した」

青木知治禰宜《ねぎ》はそう話す。ご祭神の鹿屋野比売《かやのひめ》神《のかみ》は日本で唯一の漬物の祖神である。

「当社の漬込神事は今も熱田の神職が行うぐらい、熱田とは関係が深い。美夜受比売《みやずひめ》のもとに滞在したヤマトタケルは度々、萱津を訪れていたと思います」

〈草那芸剱を、其の美夜受比売の許に置きて、伊《い》服岐能山《ふきのやま》の神を取りに幸《い》行でましき〉

ミヤズヒメと結ばれた後のヤマトタケルについて、古事記はそう記す。東征を支えた剣を持たずに、伊吹山の神を殺しに行ったというのである。その理由を古事記は、ヤマトタケルの言葉として書いている。

〈「茲《こ》の山の神は徒手《むなで》に直《ただ》に取りてむ」〉

相手を侮り、素手でも十分倒すことができると考えたのである。

「熊曽《くまそ》討伐や出雲建《いづもたける》征討で策略を用いたように、ヤマトタケルは少年期から知恵のある英雄として描かれている。そこが古事記が描く他の英雄との違いで、時々驕《おご》りを見せるところも他の英雄にはない点です」

大阪市立大の毛利正守名誉教授はそう話す。例えば須佐之男命《すさのおのみこと》は乱暴者で、高天原を追放された後、ヤマタノオロチを退治して老夫婦を救う神になる。初代神武天皇は、東に矢を放つ過ちで兄を失った後、太陽を背に戦って大和への道を開く。こうした成長が、ヤマトタケルにだけはない、という指摘である。

「兄を殺して西征、東征に出されたヤマトタケルは都に帰られては困る存在。それが、驕って皇室の権威を忘れ、そのために都に帰れなかったストーリーにつながったのでしょう」

萱津神社の奉安殿には、ヤマトタケルが植え、やがて枯れた「連理の榊」が安置されている。雌雄二本の榊で、伊吹山で負傷したヤマトタケルが同神社まで帰り、ミヤズヒメに会えない悲しみを込めて植えたところ、二メートルほどの高さで連理した伝承が残る。

「榊は年輪が細かく、硬い木で連理するのは非常に珍しい。ひた向きで危なっかしいところがあるが、それだけ純粋一途なヤマトタケルの人柄を示しているように思います」

青木禰宜はそう話す。

藪に神物

萱津神社の伝承でヤマトタケルがつぶやいたとされる言葉は「藪の中に神様の食物がある」という意味。古代、食物の腐敗は人の死と同様に考えられており、腐敗を防ぐ漬物を神の食べ物と見た当時の人々の姿を反映している。

同神社のご祭神のカヤノヒメノカミは古事記では、野を統括する神とされ、山の神の大山津見神《おおやまつみのかみ》と夫婦になることで、二神で山野を支配したとされる。オオヤマツミは後に、天孫ニニギノミコトと結ばれるコノハナノサクヤヒメの父神としても古事記に登場。皇子ヤマトタケルとも縁が深い。

4

油断 山の神に敗れる

〈其の山に騰《のぼ》る時に、白猪《しろゐ》山の辺《へ》に逢《あ》へり。其の大きさ牛の如し〉

倭建命が討伐に向かった伊吹山の神との遭遇について、古事記はこう書く。日本書紀では、白猪ではなく大蛇が道に立ちふさがる。

滋賀、岐阜県境にある伊吹山は標高一三七七メートル。滋賀県米原市にある山頂は霧に包まれることが多く、昭和二年に記録した最深積雪一一メートル八二センチは今も世界山岳観測史上一位を誇る。冬には東南東に冷たい伊吹颪《おろし》が吹き下ろし、自然の猛威が荒ぶる神を彷彿《ほうふつ》させる。

「是の白猪に化《な》れるは、其の神の使者《つかひ》ぞ。今殺さずとも還《かへ》らむ時に殺さむ」

ヤマトタケルは、白猪を山の神の使者と見て侮り、かまわず山を登った。すると思わぬことが起きた、と古事記は続く。

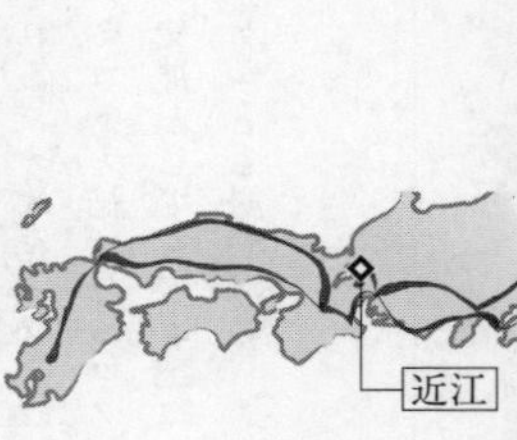

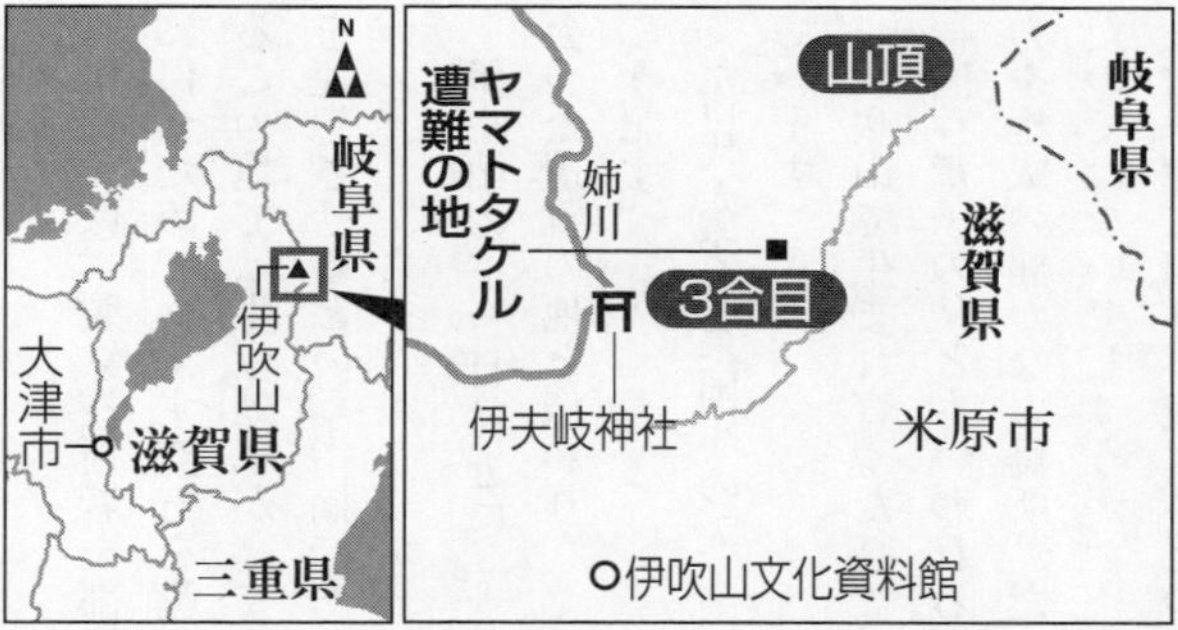

〈是に大氷雨を零《ふ》らし、倭建命を打ち或《まと》はしつ〉

白猪は使者ではなく、山の神そのものだった。ヤマトタケルの言葉に怒り、大粒の雹《ひょう》を降らした。ヤマトタケルはうちのめされて山を下った。

「古事記が書く荒ぶる神は、大和政権が信仰する神に従わない土着の神。それを信奉する勢力が、伊吹山に拠《よ》っていたとも考えられます」

ヤマトタケルをうちのめした山の神について、米原市教委歴史文化財保護課の高橋順之主査はそう話す。雹は弓矢による攻撃を連想させ、伊吹山に自生するトリカブトの毒が鏃《やじり》に塗られていたという説もある。

ヤマトタケルの足跡を調べる郷土史家、竹田繁良氏は「山の神の正体は、伊吹山の東南麓（岐阜県側）を拠点とした伊福《いぶき》氏の可能性があります」と推測する。

伊福氏は、製鉄技術者を部民として掌握していた氏族である。踏鞴《たたら》製鉄は炉を高温に保つため、絶えず空気を鞴《ふいご》で吹き込む必要があるが、伊吹颪が自然の送風装置となるこの地では生産効率が高まる。製鉄で力を蓄えた勢力が、大和政権と敵対したことを連想させるという指摘である。

伊吹山の三合目付近に「高屋」と呼ばれる高台がある。ヤマトタケルが白猪と出会った遭難の地と伝わり、ヤマトタケルを祭る石の祠《ほこら》が残る。案内板は伝承について、こう記す。

〈(古代人が)東国への入り口にそびえる霊峰伊吹山を畏れ敬っていたことを物語っています〉

伊吹山で生まれ育った高橋氏は補足してこう語る。

「酒呑童子の父ともいわれる大男、伊吹弥三郎が棲《す》んだ伝説も残る伊吹山は、時の権力や権威の届かない場所。だからこそ記紀は、悲劇の英雄の最後の戦いの舞台に選んだのではないでしょうか」

〈言挙《ことあ》げに因《よ》り、或はさえつるなり〉

古事記は、ヤマトタケルの敗因をそう書く。言挙げとは、神などにはばかりなく大声を出す禁忌である。

「白猪への侮りも含め、強いヤマトタケルが負ける理由として〝油断〟という仕掛けが必要だったのでしょう」

大阪市立大の毛利正守名誉教授はそう分析する。

伊吹山の荒ぶる神

後光厳《ごこうごん》天皇代に成立した皇代記「帝王編年記」は養老七（七二三）年の条で、伊吹山の神の荒々しさを伝承として書いている。

伊吹山の神が、姪《めい》に当たる浅井岳の神と背比べをした時のこと。浅井岳が一晩で背丈を伸ばしたことに激怒し、刀を抜いて浅井岳の神の首をはねた。その首が琵琶湖に落ちて島となり、竹生島《ちくぶしま》と名づけられた――。

伊夫岐神社（滋賀県米原市伊吹）の伊富喜嘉男宮司は「いったん荒れると激しく気象が変わる伊吹山のような、荒ぶる神の激しい気性を象徴する伝承です」と話す。

5 清らかな水 静まる心

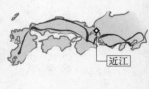

〈玉倉部《たまくらべ》の清泉《しみづ》に到りて、息《いこ》ひ坐《ま》す時に、御心やくやく寤《さ》めたまふ〉

伊吹山の神が降らした大氷雨に打たれ、前後不覚になった倭建命について、古事記はそう記す。山を下って、清らかな水の傍らで体を休め、ようやく正気を取り戻したというのだ。

玉倉部の清泉は、岐阜県関ケ原町玉か、滋賀県米原市醒井《さめがい》の泉とされる。醒井の方がやや有力なのは、古事記の記述がこう続くからである。

〈其の清泉に号《なづ》けて居寤《ゐさめ》の清泉と謂《い》ふ〉

醒井は近世、中山道の宿場としてにぎわった。元自治会長の市川義夫氏は、地元の豊かな湧き水を誇りにしている。

「どんな日照りでも枯れることはなく、街道のオアシスとして旅の人々を癒やしてき

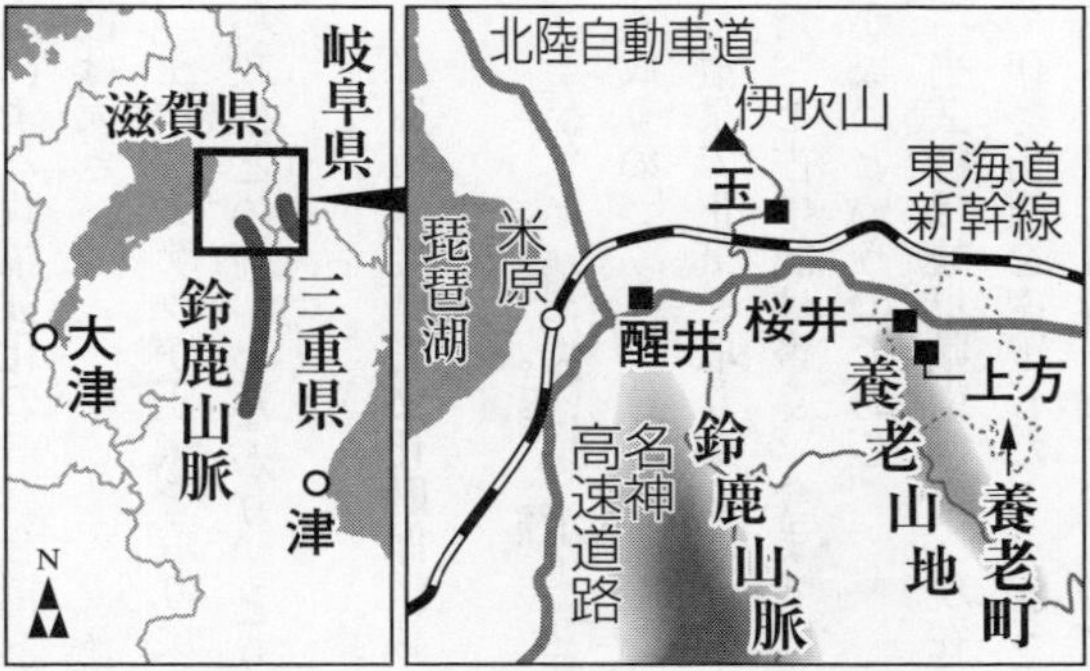

ました」

ヤマトタケルもまた、この水で正気を取り戻したのだろうか。

醒井を含む伊吹山麓は古くから、東西のみならず日本海側と結ぶ南北、さらに琵琶湖水運の拠点という要衝である。古代、この地を支配したのは、大和政権に近い息長《おきなが》氏だった。

古事記によると、九代開化天皇の皇子の妃は息長氏出身の水依比売《みずよりひめ》。ヤマトタケルの御子の十四代仲哀《ちゅうあい》天皇の妃も息長帯比売命《たらしひめのみこと》、十五代応神《おうじん》天皇の母となる神功《じんぐう》皇后である。三十代敏達《びたつ》天皇の妃も息長氏出身の比呂比売命《ひろひめのみこと》。息長氏は何世代にもわたって皇室に妃を入れた名族だ。

古事記編纂の一世代ほど前にあった壬申《じんしん》の乱では、息長氏は大海人皇子《おおあまのおうじ》の勝利に貢献し、天武《てんむ》天皇による政権強化の一翼を担ったとされる。記述に影響を及ぼしうる存在だった可能性は大きい。

「ヤマトタケルが正気を取り戻した清泉という命名の由来を語ることで、息長氏の大和政権との強いつながり、とりわけ政権を支える立場を象徴させたのかもしれません」

米原市教委歴史文化財保護課の小野航氏はそう話す。

〈「吾が心、恒《つね》に愈《やすら》けく虚《そら》より翔《かけ》り行きぬ。然《しか》あるに今吾が足え歩まず、たぎたぎしく成りぬ」〉

清泉で正気を取り戻したヤマトタケルは、当芸野《たぎの》という地にたどり着き、そう嘆いた、と古事記は書く。今までは常に、心が自由に空を飛んでいたのに、足の自由が利かないというのである。

当芸野は岐阜県南西部、現在の養老町付近を指し、ヤマトタケルが養老山地に沿って伊勢街道を南下したことがうかがえる。山麓には桜井、上方という集落が隣り合ってあり、どちらにもヤマトタケルを祭る白鳥神社が建つ。

桜井の白鳥神社の裏山からは清水が湧き、ヤマトタケルが「桜のように甘い水だ」

とほめたことが地名の由来という。

「このあたりでは白を尊び、白壁ではなく黒壁にしたり、ニワトリを飼っても白は避けたりしました」

氏子総代の渋谷逸男氏はそう話す。尊崇の念を残した地から、傷ついたヤマトタケルは大和をめざした。

壬申の乱と不破道《ふわのみち》

壬申《じんしん》の乱は、近江大津宮を開いた天智天《てんじ》皇の弟、大海人皇子《おおあまのおうじ》と、天皇の子の大友皇《おおともおう》子《じ》が六七二年、皇位継承をめぐって争った。約一カ月にわたる各地での戦闘の末に大友皇子は自害。東国から出兵させないよう不破道をふさいだことが、大海人皇子が戦いを制した要因となった。

不破は、伊吹山地と鈴鹿山脈、養老山地にはさまれた狭隘《きょうあい》地にあたり、大海人軍はここに本拠地を置いた。古代最大とされる争乱は乙巳《いっし》の変（六四五年）以来の政情不安に終止符を打ち、大海人皇子は六七三年に天武《てんむ》天皇となった。

ヤマトタケルが植えたとされる萱津神社の「連理の榊」（愛知県あま市）
本文 186 ページ

石の祠が建つヤマトタケル遭難の地。伊吹山三合目付近（滋賀県米原市）
本文 190 ページ

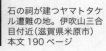

第九章

思国歌《くにしのひうた》

伊服岐能山の神に敗れ、瀕死の重傷を負ったヤマトタケルは、懸命に故郷の大和をめざす。近江から美濃、伊勢とさまよい、伊勢・能煩野《のぼの》に来た時、有名なこの歌を詠む。

倭《やまと》は　国のまほろば
たたなづく　青垣《あをかき》　山隠《やまごも》れる倭し　麗《うるは》し

1

苦難 坂越え大和めざす

〈いたく疲れませるに因《よ》り、御杖を衝《つ》き、やくやく歩みます〉

伊服岐能山《いふきのやま》（伊吹山）の神が降らした氷雨に打たれて傷ついた倭建命《やまとたけるのみこと》が当芸野《たぎの》（現在の岐阜県南西部）をたった後について、古事記はそう記す。わずかに進んだだけで疲れ果て、杖がなくては歩めない姿は、痛々しくさえある。

〈故其地《そこ》に号《なづ》けて杖衝坂《つゑつきさか》と謂《い》ふ〉

其地には諸説あるが、東海道に沿うように国道一号が貫く三重県四日市市采女町《うねめちょう》の杖衝坂が有力。かつてのにぎわいは今はなく、人通りは少ない。

「現在は舗装されて少し角度は緩やかになったが、昔はもっと急だった」

坂の途中にある「うつべ町かど博物館」の東川修館長はそう話す。東海道五十三次の四日市宿と石薬師宿を結ぶ坂で、かつては荷物を坂の上まで運ぶ牛車が商売として

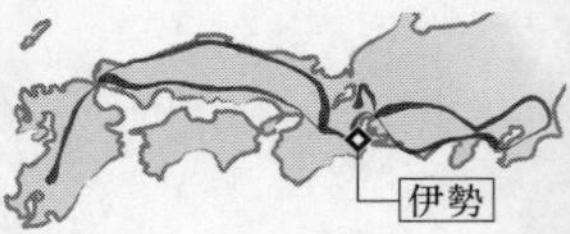

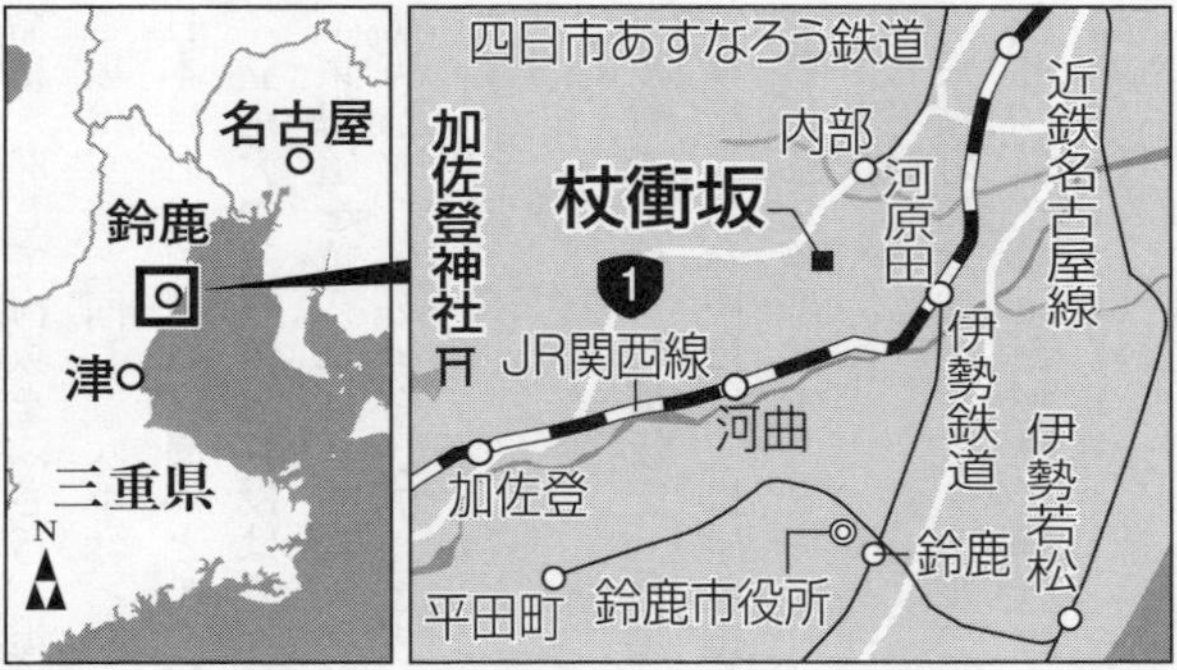

成り立っていたという。

「傷ついたヤマトタケルが通ったとすれば、楽な道ではなかったでしょう」

坂の頂上には、ヤマトタケルの血で染まったとされる石を祭る「血塚社」が建つ。

劇的な場所として「坂」を描くのが古事記の特徴である。例えば、イザナキノミコトがイザナミノミコトと別れる黄泉比良坂《よもつひらさか》だ。

〈黄泉比良坂の坂本に到る時に、其の坂本に在る桃子《もものみ》三箇《みつ》を取り待ち撃てば、悉《ことごと》く抜《ひ》き返りぬ〉

イザナキはこの坂で、黄泉軍を桃の実で撃退し、大岩でふさいで、黄泉の国の者になったイザナミの追撃から逃れる。

ヤマトタケルの遠祖、火遠理命《ほおりのみこと》（山佐知毘古《びこ》）に、ワニの姿での出産をのぞき見られた豊玉毘売《とよたまびめ》命《のみこと》は、恥じて海坂《うなさか》をふさぎ、海の国へ帰ってゆく。

「坂は、境と同じ意味を持つ。『坂』と『合う』を並べた『坂合《さかあひ》』が転じたのが境で、日本において坂は、異郷との境界とみなされていた」

立正大の三浦佑之教授はそう話した上で、こう推論する。

「東海道を越えれば、すぐ大和。杖衝坂の場面は、ヤマトタケルの苦難を表現しつつ、境界としての坂を通して、〝向こう側〟の大和の存在を強調したと考えることもできます」

〈歩行《かち》ならば　杖衝坂を　落馬かな〉

杖衝坂の途中には、松尾芭蕉が詠んだ句の碑が立っている。江戸から伊賀への帰路で落馬した際に詠んだといわれ、季語が入っていないところに坂に難渋し、動揺した姿が想像できる。

采女町には、ヤマトタケルのために地元民が柳の木を切って杖として贈った伝承が残り、坂を越えた加佐登《かさど》神社(三重県鈴鹿市)には、杖がご神体として祭られている。鈴本信彰宮司は言う。

「病気平癒の御利益があると、全国から人が訪れます。病を治して大和に帰りたいと願ったヤマトタケルの強い思いが、現在につながっているのかもしれません」

采女町

采女とは、朝廷で天皇の食膳の奉仕を担当した女官のこと。多くは、各地の豪族が宮廷に奉仕させた美しい子女だったとされる。古事記によると、二十一代雄略《ゆうりゃく》天皇の時代、「三重の采女」と呼ばれた女官が天皇に杯を献上した際、中にケヤキの葉が浮いていたため怒りを買った。しかし、非礼をわびて機転を利かせた歌を歌って許され、褒美を与えられたという。

うつべ町かど博物館の東川館長は「この時に雄略天皇から、彼女の出身地を『采女』と呼ぶことが許された」と、四日市市采女町の由来を話す。

2

一つ松に会えぬ妻想う

〈尾津前《をつのさき》の一つ松の許《もと》〉

傷ついた倭建命が杖衝坂の次にたどり着いた地を、古事記はそう記す。伊勢国で、養老山地の南端、多度《たど》山の麓に位置し、海をはさんで尾張を望む風光明媚《めいび》な土地だ。

〈先に、御食《みをし》せし時に、其地に忘らしし御刀《みはかし》、失せずなほ有り〉

古事記はそう続ける。東国へ征伐に向かう道中、ここで食事をした際、置き忘れた刀が驚くことに、まだ残っていたというのだ。

「天皇や神などが持ち物を忘れたり、食事をとったりする記述は風土記の地名起源などによくあるパターン。尊い人物とのつながりを説明し、土地の素晴らしさを裏付ける意味があります」

国学院大の小野諒巳《あさみ》兼任（非常勤）講師はそう話す。刀を見守ってきた松に向かっ

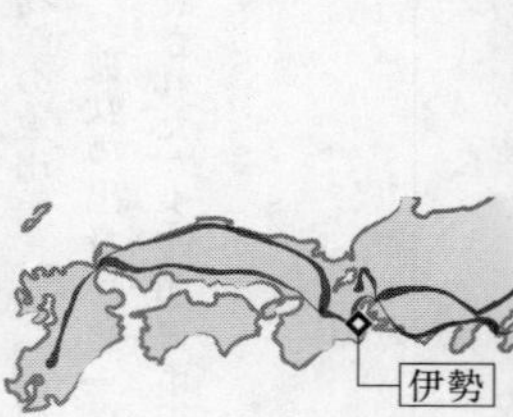

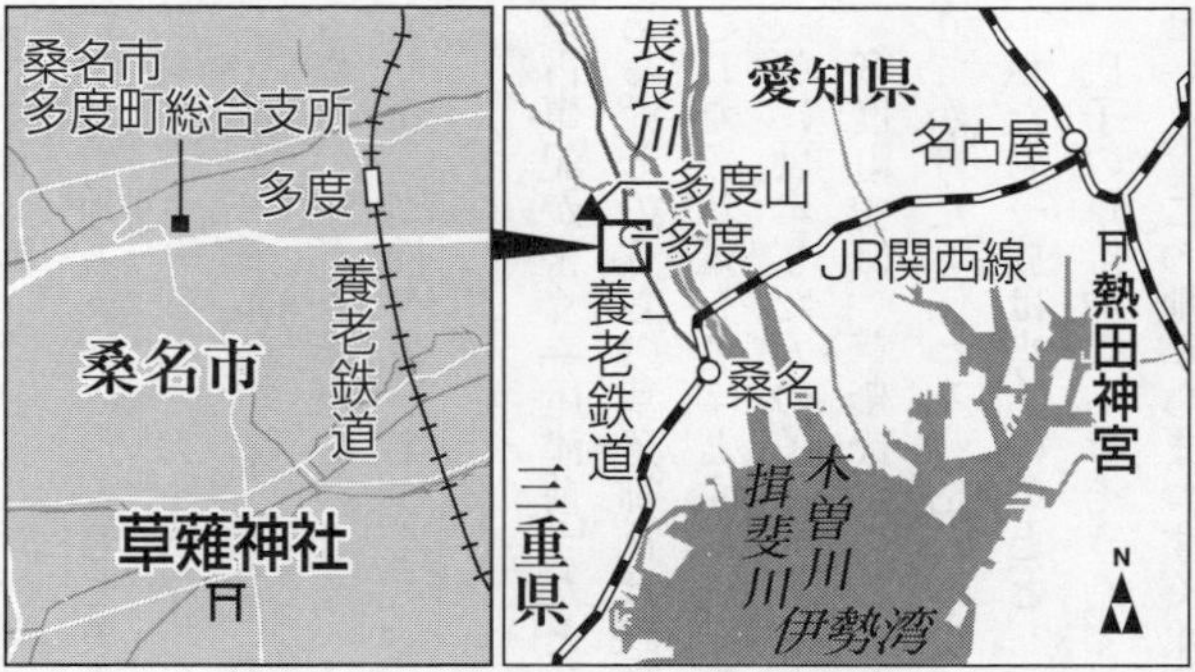

て、ヤマトタケルは歌を詠む。

〈尾張に　直に向かへる　尾津の埼《さき》なる　一つ松
吾兄《あせ》を　一つ松　人にありせば　大刀佩《は》けまし
を　衣着せましを　一つ松　吾兄を〉

歌は、ああ松が人間であったならば、刀を帯びさせ、衣装を着せるのに——という意で、松への感謝を詠み込んだものである。小野講師は、尾張に残した妻、美夜受比売《みやずひめ》を想起させ、もう戻れないとの思いを表していると読み取る。

「松には長寿や永遠という意味があり、それを詠み込んだ歌には、人間のはかなさもにじんでいます」

立命館大の藤原享和《たかかず》教授は、ヤマトタケルが東征の帰路で、あたかも天皇のようにふるまっていることに注目し、歌に政治的な意味をくみ取る。

「ヤマトタケルは甲斐の酒折宮《さかおりのみや》で国造《くにのみやつこ》を任命し、尾張では有力豪族の娘を娶《めと》ったが、いずれも地方支配の形として天皇が行う行為。支配を確立した東国を向く松を臣下に見立て、やり残した刀や衣を授ける儀式を行いたいと歌ったのではないでしょうか」

ヤマトタケルは皇子のまま生涯を終えるが、その御子は即位して十四代仲哀《ちゅうあい》天皇となり、子孫が皇統をつなぐ。古事記が描くヤマトタケルの最期は、その歴史を踏まえてか、劇性を帯びてゆく。

古事記が書く「尾津前」だと伝わる場所は、神社として三重県桑名市多度町に三社ある。そのうちの草薙《くさなぎ》神社は昭和十六年、日本武尊尾津前御遺跡《やまとたけるのみことおづさき》として県史跡に指定された。草薙を名字とする約十軒の氏子が代々守ってきた神社である。

〈尊に供奉した人の子孫であるとも伝えられる〉

多度町史は、草薙氏についてそう記す。神社の境内の祠《ほこら》には、ヤマトタケルが刀を立てかけたと伝わる、枯れた松の一部が納められている。

「私たち一族は当然のこととして、神社に奉仕してきました」

氏子の草薙均氏らはそう話す。古代、付近には伊勢と尾張をつなぐ渡し場があったという。この地からまっすぐ東にあるのが熱田神宮。ヤマトタケルは海を隔てて、ミヤズヒメを想ったのだろうか。

七里の渡し

伊勢と尾張の間は近世まで水上交通が盛んだった。木曽、長良、揖斐《いび》の三河川が流れ込む愛知・三重両県境の河口デルタは水路が入り組み、舟で渡ることが便利だったためだ。

内陸に入り込んでいた伊勢湾は、土砂の堆積で陸地化していった。古代の渡し場は現在の養老鉄道多度駅付近にあったが、江戸時代までには南方に一〇キロほど離れた桑名駅近くに移動。東海道の桑名宿と宮宿（名古屋市熱田区）の間は「七里の渡し」と呼ばれ、三〜四時間で結ばれていた。現在の河口は当時の渡し場からさらに五キロほど下る。

3 満身創痍 迫る終焉の地

〈其地《そこ》より幸《い》でまし、三重村に到ります時に〉

置き忘れていた刀との〝再会〟を喜んだ尾津前（三重県桑名市）を出た後の倭建命の足跡について、古事記はそう書く。三重村は、現在の三重県四日市市にあったとされる。一九八ページで紹介した杖衝坂もその付近で、伊吹山で傷ついたヤマトタケルの足は遅々として進まない。

〈「吾《あ》が足三重の勾《まがり》の如くして、いたく疲れぬ」〉

ヤマトタケルはそう嘆いた。一読すると、足が三重にも折れ曲がったように感じられるほど疲れたと解釈できるが、三重の勾とは糫餅《まがりもち》のことという。ひも状に伸ばした餅の両端をつなげ、その輪をねじって油で揚げた古代の食べ物で、三つの輪をくっているような形状をしている。

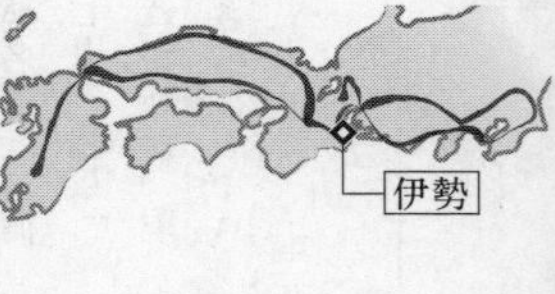

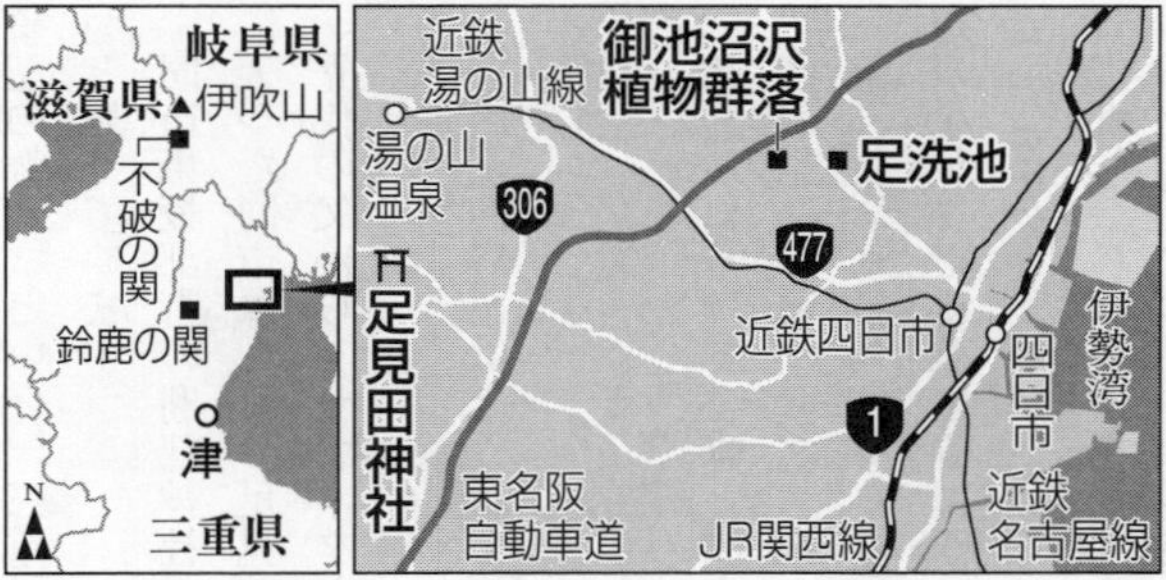

「やせ衰え、筋が浮き出た足を、その形にたとえたのでしょう」

四日市市立博物館の広瀬毅学芸員はそう説明する。古事記は、古代の貴人に親しまれた食べ物を持ち出すことで、当時の人にわかりやすく疲労感を表現している。

同市西坂部町には「足洗池」がある。ヤマトタケルが足を洗ったとされ、そのために小康を得た、と地元では伝承される。

池に立つ案内板では、道路拡幅工事でこの場所に移設されたという。元禄時代の絵図では、すぐ西側の国指定天然記念物「御池沼沢植物群落」がある一帯などを「足洗野」と表記している。

「西坂部や東坂部など五村が合併した明治時代、地元の国学者が足洗池の伝承などを根拠に『この地こそ古事記の舞台』といい、三重村と名付けられたこともあります。あながち間違いではないと思っています」

同市東坂部町の刑部《おさかべ》神社の氏子総代、伊藤文夫氏はそう話す。足洗池からやや内陸に入った同市水沢町の足見田神社にも、社名の由来の一つと考えられる伝承が残る。

「先代の父から、ヤマトタケルがこの地で、足を見たと地元で語り継がれていたと聞いています」

横山正純宮司はそう話す。同市内には、英雄の最後の足跡をしのばせる伝承地が少なくない。

〈故其地に号《なづ》けて三重と謂《い》ふ〉

古事記は、ヤマトタケルの言葉が、三重の地名の由来になったと書く。

「地名をヤマトタケルの物語に当てはめることで、その地の人たちが自然に、大和とのつながりを意識するようになります。これも大和政権の統治手法だったのではないでしょうか」

広瀬学芸員はこう指摘する。伊服岐能山（伊吹山）で敗れたヤマトタケルは、畿内への最短ルートである不破の関（岐阜県関ケ原町）を通らず、南に遠い鈴鹿の関（三重県亀山市）へと、ふらふらと歩む。その姿には、西征と東征で見せた圧倒的な強さはみじんもない。
「古事記は、悲劇的な最期に向けて、物語を盛り上げようとしているかのように感じます」

「三重県」の由来

明治四年の廃藩置県で、伊勢国の北部と伊賀国を合わせた安濃津県が誕生。県庁は津に置かれたが、翌五年に三重郡四日市町（当時）に移転したことで、県庁のある郡名から三重県と改称した。

九年には伊勢国の南部と志摩国、さらに紀伊国の一部を合わせて誕生していた度会《わたらい》県と合併し、現在の三重県が成立した。県庁は、四日市移転翌年の六年には、度会県との合併を見越すと手狭と考えられ、四日市が県の北部に寄りすぎていたことなどから津に戻されたが、三重県という名は残った。

4 英雄の最期 生命賛歌

〈其《そこ》より幸行《い》でまして、能煩野《のぼの》に到ります時に、国を思《しの》ひて歌ひ曰《の》りたまはく〉

体を引きずり、故郷の大和をめざした倭建命の最期の時を、古事記はこう書き始める。能煩野とされるのは三重県鈴鹿市から亀山市にかけての丘陵地帯。「日本武尊」としてヤマトタケルを祭る加佐登神社（鈴鹿市加佐登町）が鎮座する。

「ヤマトタケルが死の間際まで持っていた笠と杖を祭った社殿の御笠殿《みかさどの》が、やがてカサドさんと呼ばれるようになり、現在の神社名になりました」

鈴本信彰宮司はそう話す。神社から続く森には、ヤマトタケルの墓と伝承される帆《ほ》立貝《たてがい》式の白鳥塚古墳があり、西方に鈴鹿山脈が連なる。この付近でヤマトタケルが詠んだのが、有名な「思国歌《くにしのひうた》」である。

〈倭《やまと》は　国のまほろば　たたなづく　青垣《あをかき》　山隠《やまごも》れる　倭し　麗《うるは》し〉（大和は　国の

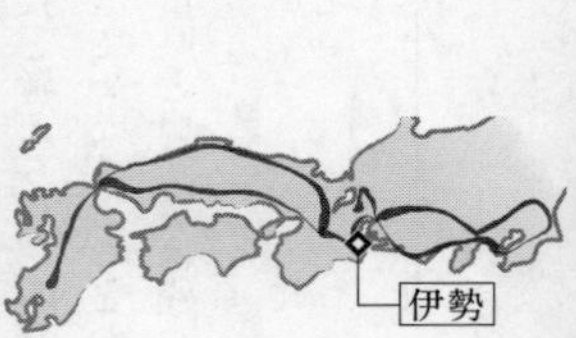

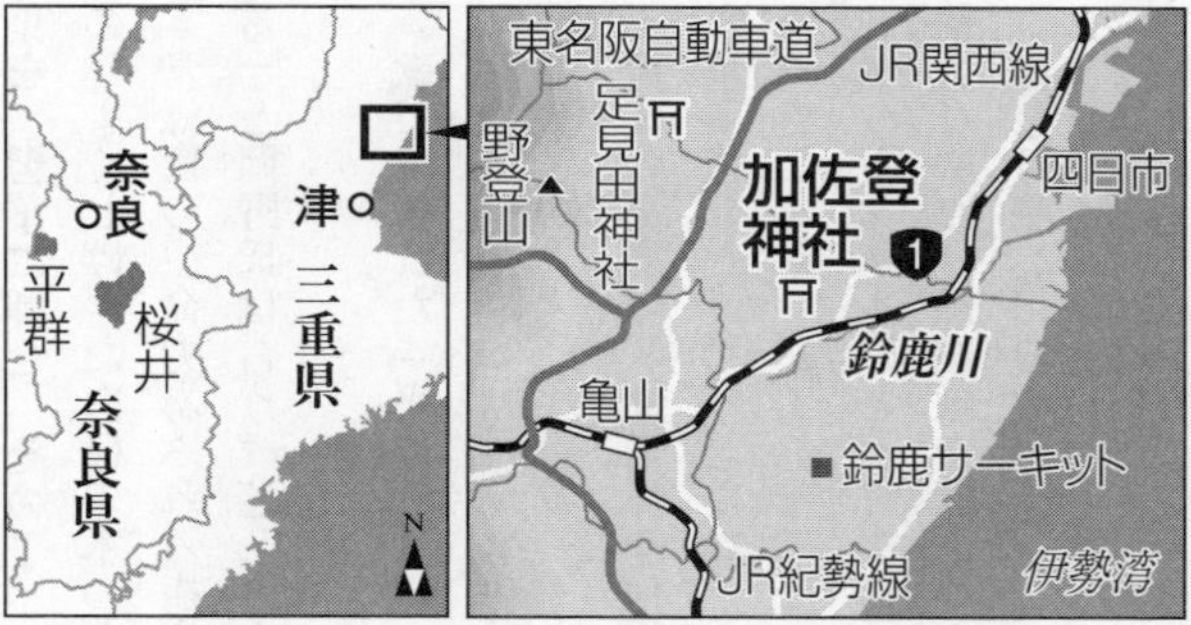

最も秀でたところ　重なり合っている山々の　青い垣　山々に囲まれた　大和は　すばらしい）

「悲劇的な最期の場面で、故郷の大和を恋しいという思いを込めて思国歌を詠む。その古事記の伝承の奥深い心に、私は感動します」

そう話すのは、長く宮内庁和歌御用掛《がかり》を務めた岡野弘彦氏である。岡野氏は、この思国歌は本来、広い祝福の意味を持った大和の国ぼめ歌だと指摘する。「それが他郷で死に臨んだヤマトタケルの口から歌われたとなると、さらに悲劇性を持った印象深い歌になり、深く哀切に響く。古代の力ある歌はしばしば、そういう多義性を持って、われわれの祖先の生活に多様な力を及ぼす効果を持っていました」

思国歌は続く。

〈命の　全《また》けむ人は　畳薦《たたみこも》　平群《へぐり》の山の　熊白檮《くまかし》が

葉を　髻華《うず》に挿《さ》せ　その子〉（命の健全である人は　幾重にも重なったあの平群の山のよくしげった白檮《かし》の木の葉を　かんざしにお挿しなさい　わが親しきお前たち）

「常緑樹の生命力あふれる樹木の感化を受け、霊力を得ようとする風習が歌われている」と岡野氏は言う。苦しい息でヤマトタケルが歌ったのは、生命の賛歌なのである。

歌で詠まれた「平群」は現在の奈良県平群町。生駒山地と、後世に法隆寺が造営される矢田丘陵に囲まれ、中心を竜田川が流れる。「平群史蹟を守る会」の松井澄会長はこう話す。

「古代の平群は、性崇拝や作物の豊穣《ほうじょう》を祭る原始信仰が生き、薬草摘みや狩猟が盛んな場所でした。そうした豊かな自然をヤマトタケルは愛し、桃源郷のように感じていたのでしょう」

ヤマトタケルにとっての「まほろば」は、生命力にあふれた自然を人々が謳歌《おうか》する情景なのだ。思国歌を詠み終えたヤマトタケルは、西の空を眺めてさらに歌う。

〈**はしけやし　我家《わぎへ》の方《かた》よ　雲居《くもゐ》起《た》ち来《く》も**〉（いとおしい　我が家の方から　雲が立ち渡ってくるよ）

古代の平群

　ヤマトタケルの父、十二代景行天皇の宮殿があったとされる纒向《まきむく》（奈良県桜井市）とは対照的に、四世紀の平群には目立った遺跡や古墳がほとんどなく、「行遊樹林の地」（『平群町史』）だったとされる。五世紀以降、豪族・平群氏の拠点となった。

　万葉歌に、平群の山で薬用の鹿の角を獲る薬猟《くすりがり》の場面がある。古事記には、即位前の二十三代顕宗《けんぞう》天皇と平群氏の志毘臣《しびのおみ》が歌《うた》垣《がき》（男女が山などに集まって歌を掛け合い、求婚する風習）の場で乙女を争う記述があり、平群が歌垣の地だったとの推論がある。

5 神と人の世をつなぐ

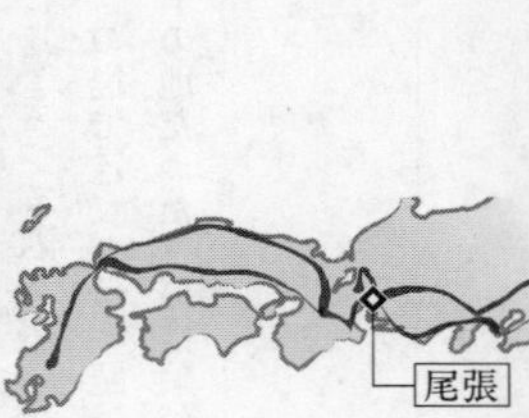

〈嬢子《をとめ》の　床の辺に　我が置きし　つるきの大刀《たち》　その大刀はや〉

そう歌い終わった時、倭建命は崩じた、と古事記は記す。後世風にいえば、辞世がこの歌ということになる。

「嬢子とは、熱田に残した美夜受比売のこと、床の辺とは、草那芸剱《くさなぎのたち》を祭っていた場所ということでしょう」

草那芸剱（草薙神剣）をご神体とする熱田神宮の野村辰美文化研究員はそう話す。ミヤズヒメのもとで暮らしていた時、ヤマトタケルは肌身離さず、神剣を持っていたはずだ、と野村氏は言う。同神宮の縁起書『尾張国熱田太《だい》神宮縁起（記）』に、こんな記述があるからである。

〈倭姫命《やまとひめのみこと》、其の志に感《めで》て神剣一ふりを授けてのりたまはく、「努努《ゆめ》、身よりな離ち

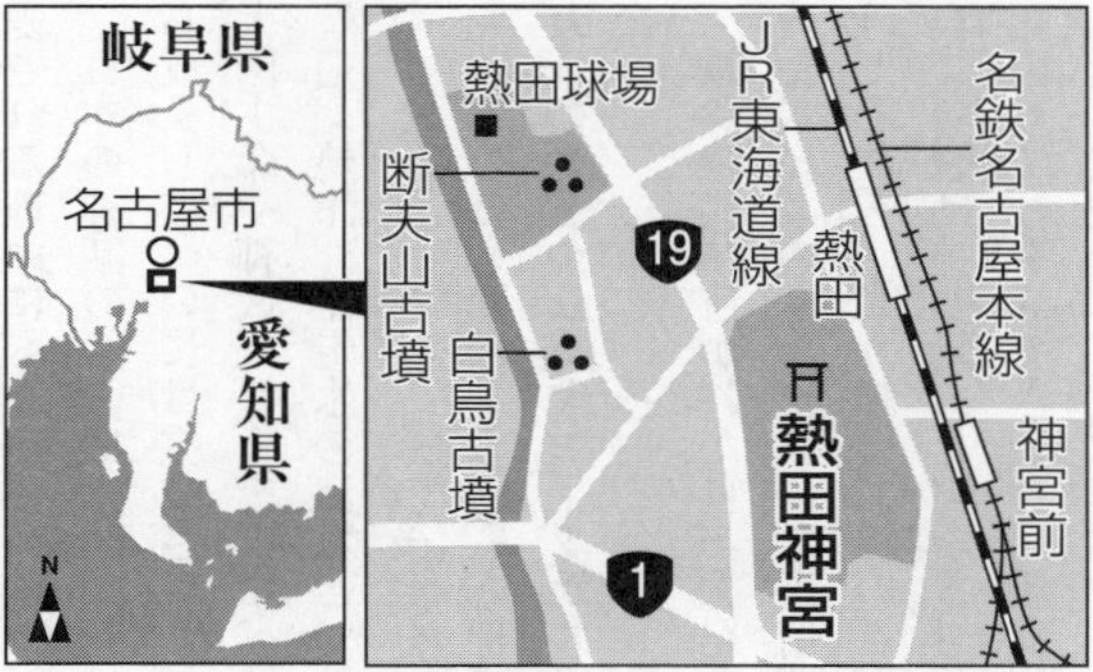

そ」と〉

　東征するヤマトタケルに対して、叔母のヤマトヒメは御嚢《みふくろ》と草那芸剱を渡した。古事記では、御嚢についてのみ、火急の時に解けと助言したと書いているが、縁起では草那芸剱についても言及しているのだ。

「それだけ大事な神剣ですから、歌は、ヒメと共に神剣がどうなるかという心配を詠んだものだと思います」

　歌に、後悔や苦悩を読み取るのは立正大の三浦佑之教授である。ヤマトタケルの最期に、源義経との共通性を強く感じるという。

「本来は成長して王や大将になる人なのに、少年性を残したまま、なりきれないままに死んでしまう。悲劇性を抱え込んでいる点が共通し、人々に愛される理由にもなっている」

日本の神話の特徴は、神や英雄が母や叔母、兄弟や恋人など周囲の支援を受けながら成長し、ついには完成された神や王になることである。天照大御神《あまてらすおおみかみ》や須佐之男命《すさのおのみこと》、大国主命《おおくにぬしのみこと》や神武天皇……。すべてこの定義が当てはまる。唯一、ヤマトタケルだけが焼遺《やきつ》（焼津）や走水《はしりみず》の海などで油断を重ね、最後は伊服岐能山（伊吹山）で命取りの過ちを犯す。歌は、その後悔を詠んだものとも受け取れる。

「誤るのは人間だから。もう神ではないのだと歌っているような気がします。神の世と人の世をつなぐヤマトタケルの物語にふさわしい歌でしょう」

鎌倉時代に書かれた日本書紀の注釈書『釈日本紀』に、ヤマトタケルが草那芸釼をミヤズヒメのもとに置いた事情が記されている。夜、厠《かわや》に出た折に神剣を桑の木に掛けたところ、光り輝いて神のごとく見えた。ヤマトタケルはミヤズヒメにこう告げた。

「この剣は神の気あり。斎《いっ》き奉りて吾が形影と為《せ》よ」

因《よ》りて社を立てき、と記述は続く。熱田神宮の由来を示すものだ。

「素直に読めば、ヤマトタケルは東征後に初めて、神剣の神威に気づいたことになる。そして自らの意思で置いていった。だから（敗死しても）後悔はなかったでしょう」

野村氏はそう推測する。

諫めた近習

『尾張国熱田太神宮縁起（記）』には、草那芸剱を置いていこうとしたヤマトタケルを諫める近習、大伴建日臣《おおとものたけひのおみ》が描かれている。「此は留むべからず」と言い、その理由として、気吹の山（伊吹山）に暴《あら》ぶる悪しき神がいると聞いていると告げる。そして「若し剣の気あらずは何《いか》にか毒害を除《よ》けむ」と諫める。ヤマトタケルは取り合わず、高言した。「縦《たと》ひ、彼の暴ぶる神有りとも足を挙げて蹴《く》ゑ殺さむ」。「徒手《むなで》に直《ただ》に取りてむ（素手で殺してしまおう）」と言ったとする古事記よりも荒々しいヤマトタケルが描かれている。

坂の頂上には、ヤマトタケルの血で染まったとされる石を祭った血塚社がある（三重県四日市市）
本文 199 ページ

ヤマトタケルが足を洗ったと伝承される足洗池（三重県四日市市）
本文 207 ページ

第十章

白鳥伝説

古事記はヤマトタケルの死に「崩《かむあが》り」という言葉を使う。崩御という意味で天皇にしか使われない言葉だ。天皇と同じ敬意を受けたヤマトタケルは白鳥に姿を変えて天を翔《か》けた。

八《や》尋《ひろ》白《しろ》智《ち》鳥《とり》に化《な》り、
天に翔《かけ》りて、浜に向かひ飛び行でます

1

日本の原点に迫る陵墓

〈是《ここ》に倭《やまと》に坐《いま》す后等《きさきたち》と御子等《みこたち》もろもろ下《くだ》り到《いた》りて、御陵《みささぎ》を作り、其地《そこ》のなづき田に匍匐《はらば》ひ廻《めぐ》りて哭《な》く〉

伊服岐能山《いふきのやま》（伊吹山）の神に敗れた倭建命《やまとたけるのみこと》が崩御した後の様子について、古事記はそう記す。

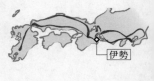

大和から駆けつけた遺族が、陵墓を築造し、その脇の水田に腹ばいに突っ伏して慟《どう》哭《こく》したというのである。さらに彼らは、歌を詠んだ。

〈なづきの　田の稲茎《いながら》に　稲茎に　蔓《は》ひもとほろふ　薢葛《ところづら》（かたわらの　田の稲の茎に　その稲の茎に　這《は》いからまっている　山芋の蔓よ）〉

この歌の意を、亀山市歴史博物館の中川由莉学芸員はこう解釈する。

「水田で嘆く自分たちの姿を、稲にからみつく泥まみれの植物にたとえていることで、

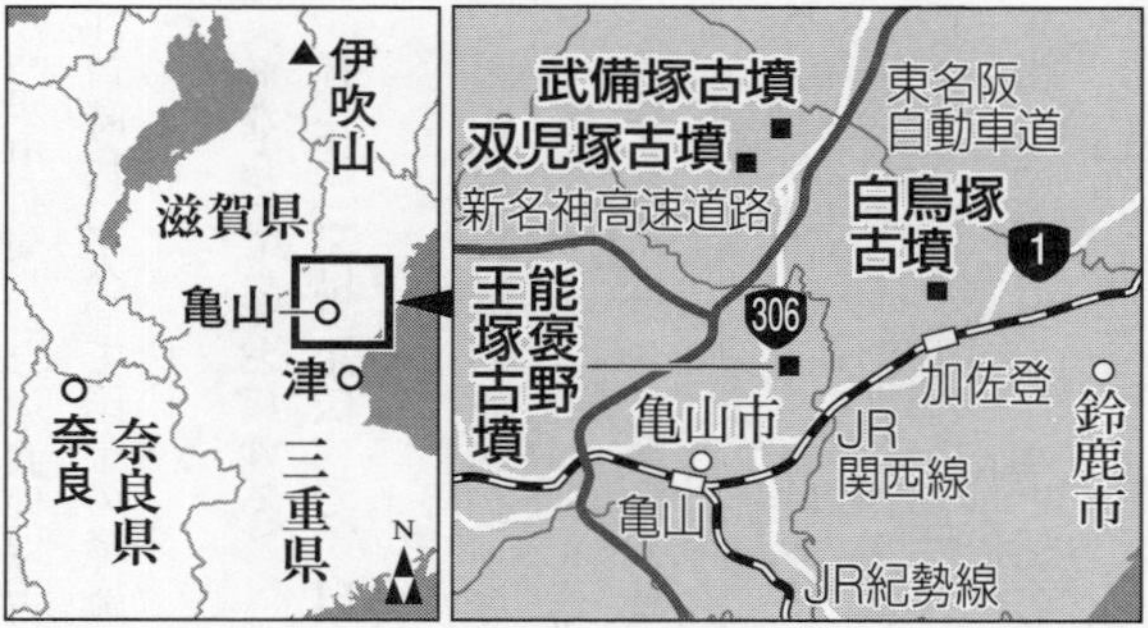

悲しみの深さを連想させます」

ヤマトタケルが、「倭は国のまほろば」で始まる思国歌《くにしのひうた》を詠み、崩御した地は現在の三重県鈴鹿市と亀山市にまたがる丘陵地帯、能煩野《のぼの》（日本書紀では能褒野）である。后や子らが御陵をつくった地も当然、能煩野となるが、その御陵は明治時代まで特定されなかった。史書の記述が極端に少ないためだ。

能煩野陵は、『続日本紀』の大宝二（七〇二）年の条で、地鳴りがあったために朝廷が使者を遣わして祭りを行ったことが記されている。延長五（九二七）年完成の法令書『延喜式』には、伊勢国鈴鹿郡の能褒野墓として登場している。しかし、それ以降、史書に記述がなく、所在が定かでなくなった。

形状や規模などから有力視されたのは白鳥塚古墳

（鈴鹿市石薬師町）、武備塚古墳（同市長沢町）、双児（二子）塚古墳（同）の三説。江戸時代に入って国学の隆盛で陵墓への関心が高まり、本居宣長《もとおりのりなが》ら国学者らが調査した。

〈此《これ》ならむとぞおぼゆる〉

宣長は『古事記伝』で、白鳥塚古墳を能煩野陵と推定している。

亀山市田村町の能褒野王塚古墳（丁子塚）。宮内庁が現在、ヤマトタケルの陵墓として管理するのは、四世紀後半の築造とされる全長九〇メートルの、この前方後円墳である。隣接する能褒野神社の辻健次宮司はこう話す。

「明治にできた神社ですが、合祀《ごうし》された古くからの縣主《あがたぬし》神社の祭神は、ヤマトタケルの御子の建貝児王《たけかひこのみこ》。駆けつけた后や御子と何らかの関係があったと想像しています」

明治政府は明治九年、白鳥塚を能煩野陵としたが、同十二年には丁子塚に変更した。丁子塚が前方後円墳で、ヤマトタケルの時代のものとされる埴輪が露出し、隣接地に水田があることも伝承と適合することなどを根拠とした。

「（王政復古で生まれた）明治政府にとって、陵墓特定は重要な作業だったと思いますが、江戸期から続いた陵墓探索には、日本の原点に迫ろうとする情熱を感じます」

同博物館の小林秀樹館長はそう語る。

白鳥塚古墳

三重県鈴鹿市石薬師町にある全長九〇メートルの帆立貝《ほたてがい》式古墳。出土品から五世紀前半の築造とみられる。

古墳は形で被葬者の身分が推定でき、鈴鹿市文化財課発掘調査グループの藤原秀樹氏は「前方後円墳を造ることが許されないクラスということですが、一帯の同時代の古墳では最大規模。単なる地方の首長とはいえないのかもしれません」と話す。被葬者としては、この地方出身で中央に仕え、東国征伐などに活躍した人物や、東国への交通路を押さえるために中央から派遣された武人などが想定されるという。

2 天翔る白鳥への鎮魂歌

〈是《ここ》に八尋白智鳥《やひろしろちとり》に化《な》り、天に翔《かけ》りて、浜に向かひ飛び行でます〉

古事記は、御陵に葬られた倭建命について、こう書き継ぐ。白鳥伝説の始まりである。

鳥を霊魂と結びつける考えは、多くの民族に見られるが、日本では特に白鳥などの水鳥が、早い時期から埴輪《はにわ》として現れている。

「同じところに帰って来る水鳥の渡りの習性が、死と再生をイメージさせたのではないでしょうか」

大阪府立近つ飛鳥博物館の森本徹副館長はそう話す。

〈后と御子等、其の小竹《しの》の苅杙《かりくひ》に、足跳《き》り破れども、其の痛きを忘れて、哭《な》き追ふ〉

后や御子らは竹の切り株で足を切りながら、白鳥を追ったと古事記は書く。足の一

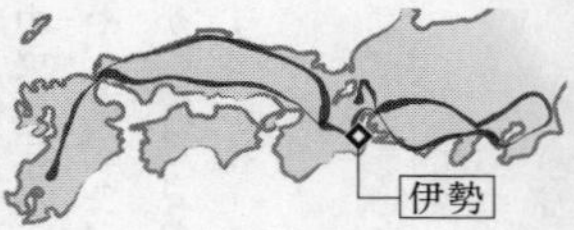

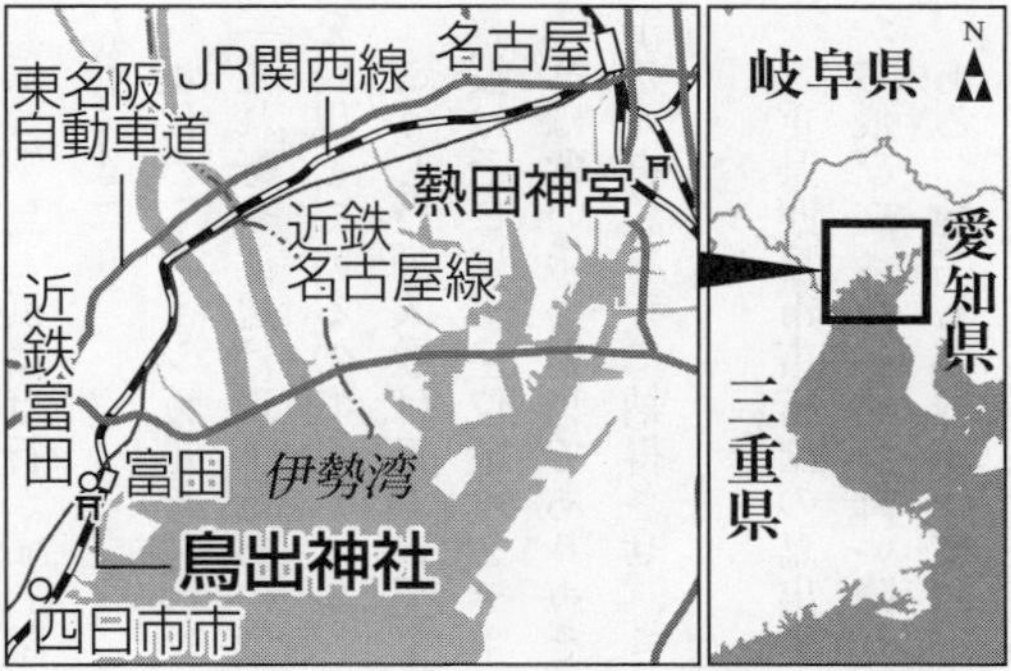

部を切断する刑罰を意味する「䠊」という文字を使うことで、激痛にも気付かないほど我を忘れて追う様子が表現されている。これほど劇的な死と葬送の記述は、歴代天皇にもなく、ヤマトタケルだけに見られる。

白鳥になったヤマトタケルを追いながら、后や御子は歌を詠む。

〈浅小竹原《あさじのはら》　腰なづむ　虚空《そら》は行かず　足よ行くな（腰にまとわりつく篠竹で思うように進めず、空も飛べず、もどかしいことよ）〉

海水に入って追う時にはこう詠む。

〈海処《うみが》行けば　腰なづむ　大河原の　植草　海処は　いさよふ（腰まで海につかってなかなか進めず、水草のようにもたつくことよ）〉

磯に休んでいる白鳥にはこう歌いかける。

〈浜つ千鳥　浜よは行かず　礒伝ふ（浜の千鳥よ、もう浜からは追えないので礒伝いに行くよ）〉

現代のミュージカルを思わせる記述を、明治大の居駒永幸教授はこう評する。

「荒れ野や浜辺は現世とあの世の境界の象徴で、難渋しながら追って行くことで鎮魂を表現しているのです」

こうした挿入歌は日本書紀にはなく、淡々とした記述は古事記とは対照的だ。居駒教授はそこに、皇位継承をテーマとする古事記の特徴を読み取る。

「歌は歌い手の言葉であり声そのもので、現実味を持つ。天皇の地位を約束された皇子の死を読み手に納得させ、きちんと魂を鎮めたことを記す必要があったのです」

三重県四日市市富田《とみだ》の鳥出神社。ヤマトタケルを祭神とするこの神社には、能煩野から飛び立った白鳥が舞い降り、熱田神宮（名古屋市熱田区）の方に飛び去った伝承がある。地名も「飛ぶ」に由来するという。

古事記でも日本書紀でも白鳥は、西に向かったとされ、熱田に向かったとの記述はない。しかし、四日市市立博物館の広瀬毅学芸員はこう話す。

「ヤマトタケルには、魂となっても后のミヤズヒメと会わせたい。そんな読み手側の思いが、伝承になることもあるのではないでしょうか」

四日市の蜃気楼《しんきろう》

白鳥が舞い降りた伝承が残る四日市は江戸時代、浮世絵にも描かれた蜃気楼の名所だった。蜃気楼が現れやすく目撃しやすい伊勢湾に近接していたためだ。

古代中国の考えを反映して蜃気楼は、「蜃（大ハマグリ）」が吐く「気」で描かれた「楼閣」と書く。伊勢湾はハマグリが多く、富田は焼きハマグリが有名だった。蜃気楼は、伊勢神宮の神様が海を渡って熱田神宮に向かう際、もやもやした空気が通り道として現れるともいわれた。白鳥が富田から熱田に向かった伝承は、こうした土地柄も反映している。

3 現代にも伝わる葬歌

〈是の四つの歌は、みな其の御葬《みはぶり》に歌ひき。故今に至るまで、其の歌は天皇の大御葬に歌ふなり〉

白鳥になった倭建命を追って后や御子が詠んだ四首の歌（二二九ページ）について、古事記はそう書く。ヤマトタケルの葬儀で歌ったので、今でも天皇の大喪の礼で歌われているというのである。

「昭和天皇の大喪の礼でも確かに歌われました。歌ったのは霊柩を納めた葱華輦《そうかれん》を担いだ皇宮護衛官で、低い声で歌うことなどを私が指導しました」

そう語るのは元宮内庁和歌御用掛で国学院大の岡野弘彦名誉教授である。明治天皇や大正天皇の時は、八瀬《やせ》童子《どうじ》と呼ばれて皇室と関係が深い京都・八瀬（左京区）の人たちが、その役を務めていたという。

「四首の歌は田、篠原、海辺、礒と、魂の移動を実感させる内容で、それを追うことで悲しみが際立っている。時代を超えて日本人の心に残る歌ですね」

悲しみをこらえて白鳥を追いながら歌われた四首の歌は、葬歌と呼ばれるものだ。類似していて有名なのは「影媛《かげひめ》あはれ」。日本書紀の武烈《ぶれつ》天皇即位前紀に記されている歌で、恋人の平群鮪《へぐりのしび》の葬列を追う物部影媛の悲しみを歌っている。

〈石上《いそのかみ》　布留《ふる》を過ぎて　薦《こも》枕《まくら》　高橋過ぎ　物多《ものさは》に　大宅過ぎ　春日《はるひ》の　春日《かすが》を過ぎ　妻隠《ごも》る……〉

この歌と四首を比較すると、明らかな違いがあると指摘するのは立命館大の藤原享和《たかかず》教授である。葬列の

なづきの　田の稲《いな》茎《がら》に　稲茎に
蔓《は》ひもとほろふ　薢葛《ところづら》
浅《あさ》小《じ》竹《の》原《はら》　腰なづむ　虚空《そら》は行かず
足よ行くな
海《うみ》処《が》行けば　腰なづむ　大河原の
植草　海処は　いさよふ
浜つ千鳥　浜よは行かず　礒伝ふ

通る地や故人ゆかりの地を詠み込んでいる点では同じだが、四首には具体的な地名は一切、詠み込まれていないのだ。

「地名を詠み込むと、天皇一人一人に歌が必要になってくる。田とか海とかという表現だと、歌に汎用性《はんよう》が生まれる。そこが『大御葬に歌ふなり』と書かれる理由でしょう」

藤原教授はさらに、四首が陸地や水辺、海辺を網羅していることにも古事記の筆者の意図を感じ取る。

「天皇が支配する国土そのものをすべて表現している。為政者の葬歌にふさわしい内容です」

葬歌に似たものに挽歌がある。本来は柩《ひつぎ》を乗せた車を引く者が歌う歌で、葬歌と同じだが、死者を悼む歌全体を指すことが多い。

「万葉集でも挽歌は実に多いが、葬歌は古事記のヤマトタケルの記述でしか載っていない。手厚い扱いを感じます」

そう指摘する藤原教授は、その理由をこう考える。

「ヤマトタケルが後の天皇の祖だからでしょう。大和王権の基礎を築いた皇子で、国造りの始祖と呼んでもいい業績を挙げた。そのことをたたえる意味合いがあるのでしょう」

岡野名誉教授は、ヤマトタケルへの称賛に歌が使われたことに意味を感じる。

「歌はもともと、神との会話でした。人の気持ちの自然の発露で、情念とか情熱を訴えるには『語り』よりも大事なもの。日本人の結晶のようなものです」

ヤマトタケルは、その歌で死を悼まれているのである。

八瀬童子

古代から八瀬で生活してきた人々のことで、天皇の大礼、大喪の際には葱華輦を担ぐ駕輿丁《かよちょう》という役を務めていた。現在も葵祭では天皇の輿丁の扮装《ふんそう》で参加している。

皇室とのつながりは、壬申《じんしん》の乱で大海人《おおあまの》皇子《おうじ》（天武《てんむ》天皇）が矢傷を治すためにこの地に釜風呂をつくったことが始まりと伝承され、八瀬は矢背、癒背が転じたといわれる。

明治天皇、大正天皇の大喪の礼では輿丁として奉仕した。昭和天皇の大喪の礼では警備の必要からその役は担えず、皇宮護衛官をサポートして奉仕した。

4 敬意に守られた美しさ

〈其の国より飛び翔《かけ》り行でまし、河内国《かふちのくに》の志幾《しき》に留まりたまふ〉

白鳥となって、能煩野陵（三重県）から大空に飛び立った倭建命の霊魂の行き先を、古事記はそう書く。奈良盆地を越え、大阪府東部の河内国に舞い降りるのである。

〈其地《そこ》に御陵《みささぎ》を作り、鎮まり坐《いま》さしむ。其の御陵に号《なづ》けて白鳥御陵《しらとりの》と謂《い》ふ〉

この白鳥御陵（日本書紀では白鳥陵）を宮内庁は、古市《ふるいち》古墳群（藤井寺市、羽曳野市）の白鳥陵古墳（羽曳野市軽里《かるさと》）と治定している。「羽曳野」は、羽を曳《ひ》くように天に舞い昇る白鳥を意味し、ヤマトタケル伝説に由来する。「軽里」の由来については地元のNPO法人「フィールドミュージアムトーク史遊会」の細見克氏がこう説明する。

「ヤマトタケルの『仮の墓』のカリの音が軽になったという説と、十九代允恭《いんぎょう》天皇

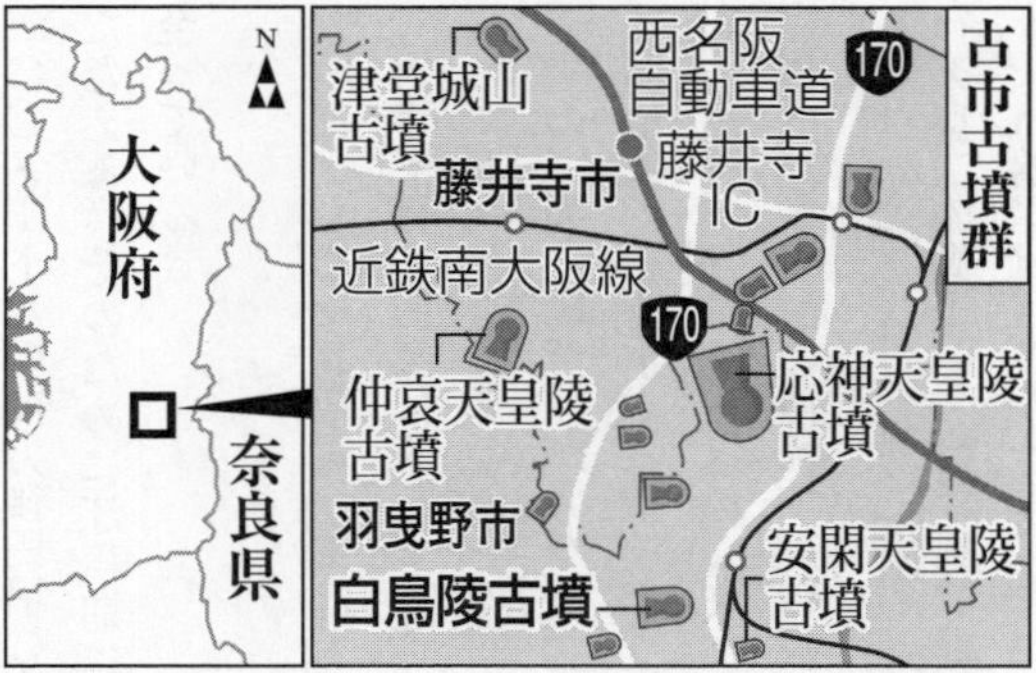

の子、木梨軽皇子《きなしのかるのみこ》の墓説の二つの説があります」

白鳥陵古墳の築造年代は五世紀後半と推定される。ヤマトタケルの時代より約一世紀新しく、軽皇子の時代に近い。にもかかわらず、ヤマトタケルの墓と伝承されてきた要因は、周辺の古墳の多くが室町時代以降、城郭として利用されて本来の姿を失ったが、白鳥陵古墳は築造時の端正な形態を保っていることだ。

「ヤマトタケルの墓は美しく、立派であってほしいという、人々の思いが込められているように思えます」

細見氏はそう話す。古墳群最古の津堂城山《つどうしろやま》古墳は室町時代に小山城にされ、十四代仲哀《ちゅうあい》天皇陵古墳、二十七代安閑《あんかん》天皇陵古墳も築造時の姿はとどめていない。そのなかで白鳥陵古墳は、全長二〇〇メートルの前方後円墳の姿を残し、幅三〇～五〇メートルの周濠《しゅうごう》も豊かに水をたたえる。そのために江戸期以前に、ヤマトタケルの墓という伝承が生まれ、今に至っている。

〈然れどもまた其地《そこ》より更に天に翔りて飛び行でましき〉

古事記は、白鳥伝説をこう締めくくる。

「ヤマトタケルの魂の天への回帰を強く印象づけているが、二度記される『天に翔りて』の『天』は意味が異なる」

明治大の居駒永幸教授はそう指摘する。

「能煩野陵から志幾への『天』は天空だが、志幾からの『天』は神話的世界です」。根拠は、古事記の西征で熊曽建《くまそたける》と対峙《たいじ》したヤマトタケルの名乗りの中にあると言う。

〈吾《あれ》は纒向《まきむく》の日代宮《ひしろのみや》に坐《いま》して、大八嶋国知《おほやしまぐにし》らしめす、大帯日子淤斯呂和気天皇《おほたらしひこおしろわけのすめらみこと》（景行天皇）の御子、名は倭男具那王《やまとをぐなのみこ》ぞ〉

大八嶋国は、イザナキノミコト、イザナミノミコトの国生み神話を起源とする日本列島の神話的表現で、初代神武天皇以降の人代で登場するのは、この場面だけである。

「神代から続く皇統にヤマトタケルを位置づけ、天皇による大八嶋国の支配体制を切り開いた人物として語っているのです」

ヤマトタケルの物語は、神話と呼応する壮大なスケールを持っている。

古市古墳群

四世紀後半の津堂城山古墳から築造が始まり、墳丘長が国内二位の応神《おうじん》天皇陵古墳（四二五メートル）など五世紀を中心とする巨大前方後円墳が集中している。

同一位の仁徳《にんとく》天皇陵古墳（四八六メートル）がある大阪府堺市の百舌鳥《もず》古墳群とともに、日本の二大古墳群と称される。大阪府などは、二つの古墳群を百舌鳥・古市古墳群として世界文化遺産への認定をめざしている（二〇一九年七月、登録決定）。

古事記が白鳥御陵の地とする「志幾」は大阪府の八尾市、柏原市、藤井寺市にまたがる地域。古市古墳群には北側だけが含まれる。

5

死してなお大和を守る

〈時に日本武尊《やまとたけるのみこと》、白鳥《しろとり》に化《な》りたまひて、陵《みささぎ》より出《い》でて、倭国《やまとのくに》を指して飛びたまふ。群臣等《まへつきみたち》、因《よ》りて其の棺櫬《みひつき》を開きて視《み》たてまつるに、明衣《めいい》のみ空《むな》しく留《とどま》りて、屍骨《みかばね》無し〉

倭建命の白鳥伝説は、日本書紀ではこう記される。古事記のような歌謡は一切なく、淡々と書いているのが特徴だ。

伊勢国の能褒野陵に葬られたヤマトタケルが白鳥になって飛んだので、群臣らが棺をのぞくと遺体はなく、清らかな衣服のみが残っていた――。この日本書紀の記述に似た話は、中国最初の歴史書『史記』にもある。伝説上の帝王、黄帝を葬ると屍《しかばね》が消え、弓と剣のみが残っていて、黄帝は仙人になった――というものだ。

「日本書紀は中国の神仙思想を媒介して物語を構成している。鎮魂の歌謡物語でつづる古事記との表現方法の差異が明瞭に表れている」

古事記、日本書紀の白鳥飛翔ルート

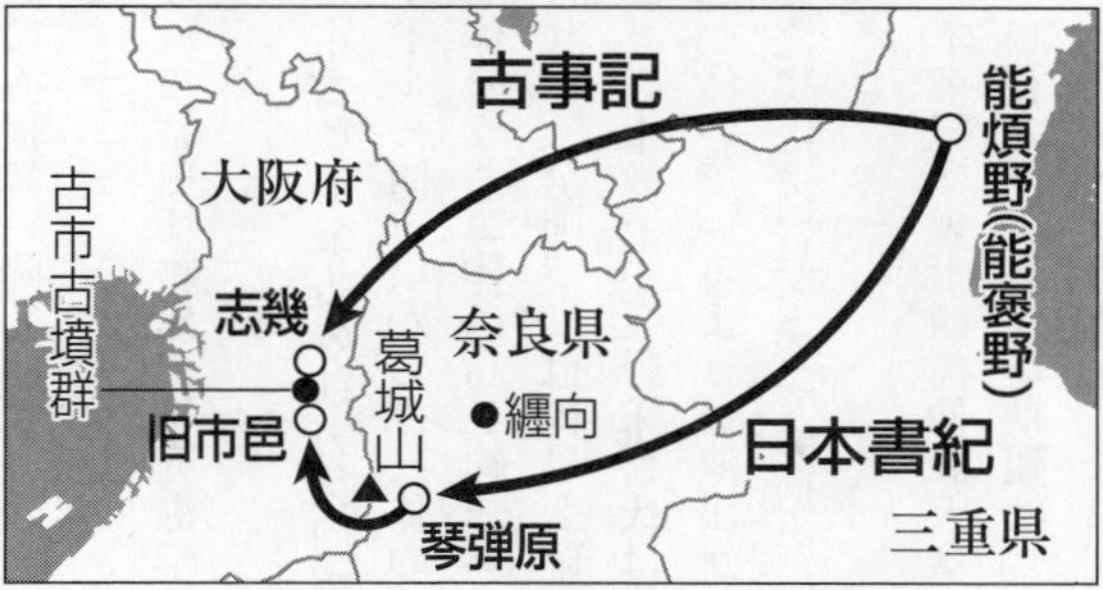

明治大の居駒永幸教授はそう指摘する。

〈使者《つかひ》を遣《つかは》して白鳥を追ひ尋《と》めしむるに、則《すなは》ち倭《やまと》の琴弾原《ことひきはら》に停《とどま》れり。仍《よ》りて其《そ》の処《ところ》に陵《みさざき》を造る〉

古事記では一気に河内国の志幾へ飛ぶ白鳥は、日本書紀では手前の大和にいったん留まる。宮内庁は「琴弾原の陵」を、奈良県御所市富田の琴弾原白鳥陵に治定する。初代神武天皇が国見をした伝承地と同じ地域だが、ヤマトタケルの故郷、纒向（奈良県桜井市）からは少し離れている。

〈白鳥、更《また》飛びて河内に至り、旧市邑《ふるいちのむら》に留れり。亦《また》其の処に陵を作る〉

白鳥は、葛城山を越えて河内の旧市邑、現在の古市古墳群の地に舞い降りた、と日本書紀は書く。

「琴弾原を飛び立った白鳥が、奈良盆地を見渡すように葛城山を越えてゆく光景がイメージできる。

纒向に直接舞い降りるよりかえって、故郷を名残惜しむヤマトタケルの心が伝わっています」

葛城市歴史博物館の神庭滋学芸員は、日本書紀の意図をそう読み解く。

古市古墳群最古の前方後円墳、津堂城山古墳（大阪府藤井寺市）。墳丘長二〇八メートルの同古墳からは三体の水鳥形埴輪《はにわ》が見つかっている。

「三体のうち二体は高さ約一メートルと大きく、コハクチョウを実寸大に模したと考えられる。全国で二百体以上確認されている水鳥形埴輪で最古、最大です」

藤井寺市教委の天野末喜氏はそう説明する。水鳥形埴輪は周濠の人工島に飾られ、白鳥が泳いでいるような演出が想定される。

〈「冀《ねが》はくは白鳥を獲て陵域《みささぎのめぐり》の池の養《か》はむ。因《よ》りて、其の鳥を観《み》つつ顧情《しのひたてまつるこころ》を慰めむと欲《おも》ふ」〉

日本書紀は、十四代仲哀天皇が亡き父、ヤマトタケルを慕って、こう述べたと記す。

発掘調査で再現された景観は、この天皇の願いと見事に符合する。

「ヤマトタケルは死してなお、奈良盆地の外側から大和を守る役割を負わされたのでしょう」

白鳥伝説もまた、国造りの物語なのである。

死者を他界に送る鳥

鳥が死者の魂を他界に送るという観念は、天照大御神《あまてらすおおみかみ》らの命で葦原中国《あしはらのなかつくに》に天降《あまくだ》りし、大国主神《おおくにぬしのかみ》の娘と結婚した天若日子《あめわかひこ》の神話に見える。アメワカヒコが死ぬと、死体を安置する喪屋《もや》が作られ、河鴈《かはかり》（ガンの一種）、鷺《さぎ》、翠鳥《そにどり》（カワセミ）、雀《すずめ》、雉《きざし》（キジ）に、喪屋を清掃する役や死者のための調理人、儀礼的哭泣《こっきゅう》をする女の役などが割り当てられた。鳥たちは八日八夜にわたって歌い舞い、弔った、と古事記は書く。

水鳥形埴輪が出土した津堂城山古墳の人工島では、喪屋の可能性がある建物の部材も見つかっている。

能褒野王塚古墳。宮内庁が能煩野陵として管理している（三重県亀山市）
本文 222 ページ

昭和天皇の霊柩を乗せた葱華輦。担いだ皇宮護衛官たちはヤマトタケルの葬歌を歌った（平成元年 2 月 24 日）本文 228 ページ

第十一章

父の親征と慰霊

日本書紀は、父の景行天皇がヤマトタケルの死を悲しんだと書く。ヤマトタケルの東征の道のりをたどり、生前の姿をしのんだとも記す。古事記が書く父子の確執はここでは触れられない。

朕、愛子顧《しの》ふこと何の日にか止《や》まむ

1 難路の行軍伝える舞

〈熊襲《くまそ》反《そむ》きて朝貢《みつきたてまつ》らず〉

この一文から、十二代景行《けいこう》天皇の西征を記すのが日本書紀である。日本書紀は、倭《やまと》建命《たけるのみこと》（日本書紀では日本武尊）の西征は、天皇にいったん討たれた熊襲が再び背いたために行われた、としている。

天皇の西征は、古事記が描くヤマトタケルの西征以上に過酷なものだった。筑紫（九州）入りさえ、周芳《すは》の娑麼《さば》（山口県防府市）で策をめぐらせ、鼻垂《はなたり》をはじめとする四悪人を謀殺しなければ果たせなかった。

豊後（大分県）での戦いは、速見邑《はやみのむら》（同県別府市付近）に到着した天皇が、出迎えた速津媛《はやつひめ》という女性首長から情勢報告を受けたのが発端だ。服属しない土蜘蛛《つちぐも》が近くの山の石窟に青《あを》と白《しろ》の二人、直入県《なほりのあがた》（同県竹田市付近）の禰疑野《ねぎの》には打猨《うちさる》、八田《やた》、国《くに》

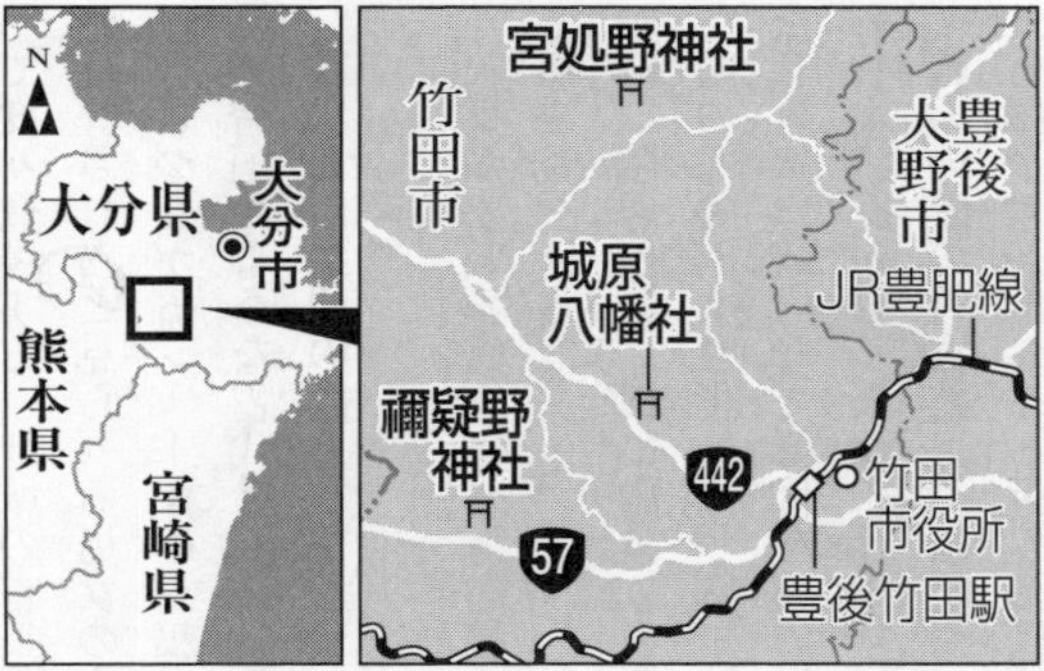

摩侶《まろ》の三人いるというものだ。

〈「並《ならび》に其の為人《ひととなり》強力《ちからこは》く、亦《また》衆類多し。皆曰く、『皇命に従はじ』といふ。若《も》し強《あながち》に喚《め》さば、兵《いくさ》を興《おこ》して距《ふせ》かむ」〉

強壮で部下も多い五人を力ずくで呼びつければ兵を起こしかねない、と進言され、天皇は群臣と策を練った、と日本書紀は記す。

「初期の大和政権に帰順した地方は、まだ内陸部などに服従しない勢力を抱えていました。土蜘蛛の伝承は、在地首長が大和とつながることで地方の支配を確立していった過程を知る手がかりになります」

別府大の後藤宗俊名誉教授はそう話す。後藤氏が注目するのは「媛」の存在である。豊後国風土記では、天皇の巡幸地の媛が、郡名の由来などとして度々登場する。地域の首長墓とされる宇土遺跡（同県日田市）などからは、女性が初葬されたと見られる男女の人骨が出土している。

「神とつながるシャーマン（巫女）として女性が首長を務め、政治は兄か弟が担う。邪馬台国のような古代社会の統治構造がうかがわれます」

こうした集団の協力を得ながら、天皇の西征は行われたのである。

天皇が率いる官軍は、海石榴《つばき》の樹でつくった槌を武器に石窟の土蜘蛛を殺害。続いて禰疑山を越えた。

〈時に賊虜《あた》が矢、横《よこしま》に山より射る。官軍《みいくさ》の前に流らふること雨の如し〉

敵の弓勢がすさまじく、官軍はいったん引いて立て直し、ようやく八田を撃ち破った。打猨は観念して降伏を願い出たが許されず、谷に身を投げた。

日本書紀が描く天皇の仕置きには、ヤマトタケルに劣らぬ荒々しさがある。

戦いの際の行宮《かりみや》跡近くに建つ城原《きばる》八幡社（同県竹田市）には「阿鹿野《あじかの》獅子」と呼ばれる獅子舞が伝わる。近くの阿鹿野の民が、官軍の再進撃を先導したという伝承が起源だ。

「草木に見立てたうちわをかき分け、地面や高い場所の安全を確認しながら神輿を先導する舞は、難路の行軍をしのばせます」

氏子総代の麻生敞《しょうぞう》三氏はそう話す。ヤマトタケルの父の記憶もまた、日本各地で生きている。

古代の女性首長像

五世紀代の地域首長級の墓と推定される臼塚《うすづか》古墳（大分県臼杵市）で、二基の舟形石棺から男女の人骨が確認され、女性の人骨には顕著な外耳道骨腫が認められた。外耳道の骨が肥大する症状で、海に潜ることを日常とする海女などによく見られる。

後藤名誉教授は「臼塚古墳に葬られた女性首長は、豊後水道の海に生きる海女から出ていたのだろう」と推測する。古代の地域社会を率い、景行天皇の協力者となった神《かむ》速津媛、周芳の娑麼に情報をもたらした神夏磯媛《なつそひめ》の実像を探るヒントになる。

2 娘の心奪い 熊襲平定

豊後（大分県）の土蜘蛛を討って日向（宮崎県）に行宮の高屋宮《たかやのみや》を建てた景行天皇は、熊襲の討伐に乗り出す。

「襲国《そのくに》に厚鹿文《あつかや》・迮鹿文《さかや》といふ者有り。是の両人は熊襲の渠帥者《かみ》なり」

天皇は軍議で、熊襲の首領の名を挙げ、こう評したと日本書紀は記す。

〈「衆類甚多《にへさ》」〉

相手は強大で手ごわい。討伐方法を問う天皇に、一人の臣が進言した。

〈「重幣《おもきまひ》を示《み》せて、麾下《きか》に撝納《めしい》れたまふべし」〉

首領の娘に高価な贈り物を見せて召し出し、味方に引き入れるという策略だ。

〈「容既《かたちすで》に端正《きらぎら》しく、心且雄《こころまたを》武《を》し」〉

臣がそう報告した娘は二人いて、姉は市乾鹿文《いちふかや》、妹は市鹿文《いちかや》。この二人の心を奪い、

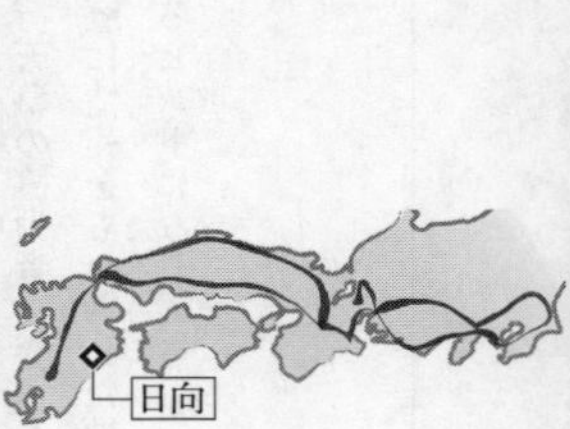

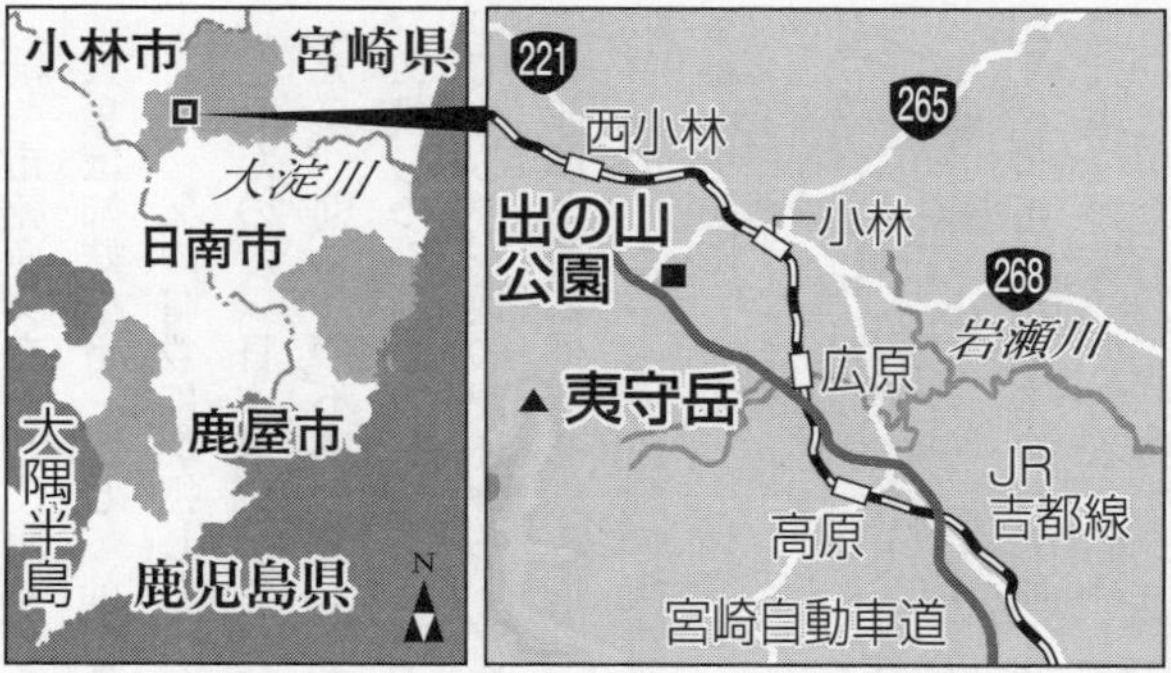

首領の消息を知って不意打ちすれば、軍勢を損なわずに勝てる、という献策に、天皇は言った。

〈「可《よ》し」〉

日向の南、大隅半島の中央部に位置する鹿児島県鹿屋《かのや》市は、「鹿文」を地名由来の一つとする。宮崎県南部から大隅半島にかけて、大和政権と相対できる強大な勢力があったことは、古墳からも推測されている。

「畿内と南九州は弥生時代から交渉があり、攻める攻められるばかりではなく融和もあったでしょう」

日南市（宮崎県）教委生涯学習課の岡本武憲課長は、日本書紀の記述を念頭に、そう話す。天皇とその御子、倭建命（日本武尊）が九州遠征を繰り返した歴史背景がうかがえる。

〈則ち市乾鹿文を通して陽《いつは》り寵《め》みたまふ〉

天皇は姉妹を召し出し、姉に偽りの寵愛《ちょうあい》を与えた、と日本書紀は書く。市乾鹿文は進んで、父の暗殺に加担した。父に強い酒を飲ませ、寝入ったところを天皇の兵に殺害させたのだ。日本書紀はさらに、天皇の過酷な処置も記録する。

〈天皇、則ち其の不孝の甚しきを悪《にく》みたまひて、市乾鹿文を誅《ころ》したまひ〉

父殺しの不孝を犯した市乾鹿文を誅殺《ちゅうさつ》し、一方で妹の市鹿文を「火国造《ひのくにのみやつこ》」に任じたのである。一連の記述から、宮崎県教育庁文化財課の北郷泰道《ほんごうひろみち》専門主幹は、男女双系的な熊襲の親族構造を読み取り、こう話す。

「首長の娘たちもある種の実権を握っていたのでしょう。男女の役割分担があったかもしれません」

〈諸県君泉媛《もろがたのきみいづみひめ》、大御食《おほみあへ》を献らむとする〉

熊襲を平定して夷守《ひなもり》（宮崎県小林市付近）に到った天皇について、日本書紀はそう記す。付近を治める豪族の娘、泉媛が食事を献上しようとしたのだ。古代、食事の献上は服従の象徴である。小林市の伝承では、泉媛は天皇が旅立った後、天皇への恋情のあまり、池に身を投げたという。伝承の地は、名水で有名な出《いで》の山公園になっている。

「大和政権は熊襲の統治を諸県君に一任したのでしょう。外部勢力だった熊襲は政権内に取り込まれ、やがて隼人《はやと》と呼ばれるようになるのです」

北郷氏はそう話す。

隼人と大和政権

隼人について、古事記は「此は隼人阿多《あたの》君《きみ》が祖」と記し、祖先は火照命《ほでりのみこと》（海佐知毗《うみさちび》古《こ》）だとしている。ホデリは、大切な釣り針を弟の火遠理命《ほをりのみこと》（山佐知毗古）に失われて怒り、仲たがいするが、敗れて忠誠を誓う。兄弟の父は天孫ニニギノミコトで、隼人は大和政権と共通の祖先を持つことになる。

ホデリを主祭神とする潮嶽《うしおだけ》神社（宮崎県日南市）の佐師正朗宮司は「大和と隼人の争いを神話の世界に仮託したのが古事記の記述なのでしょう」と言う。地元では今も、縫い針の貸し借りをしない風習がある。

3 思邦歌《くにしのひうた》 九州統治を誇る

熊襲を討った景行天皇は六年間、日向の高屋宮に滞在し、御刀媛《みはかしびめ》を妃として豊国別《とよくにわけ》皇子《のみこ》をもうけた。

〈是《これ》日向国造が始祖《はじめのおや》なり〉

日本書紀は、天皇の九州統治が、婚姻関係を利用しながら順調に進んだことを強調する。その象徴が、子湯県《こゆのあがた》（宮崎県西都市）に行幸し、丹裳小野《にものをの》に遊んだ時の記述である。

天皇は東を遠望して、左右の者にこう言った。

〈「是の国は、直《ただ》に日出づる方に向けり」〉

故に、この国は日向と名付けられた、と日本書紀は書く。天皇はさらに、大石に登って都をしのび、歌を三首詠んだ。

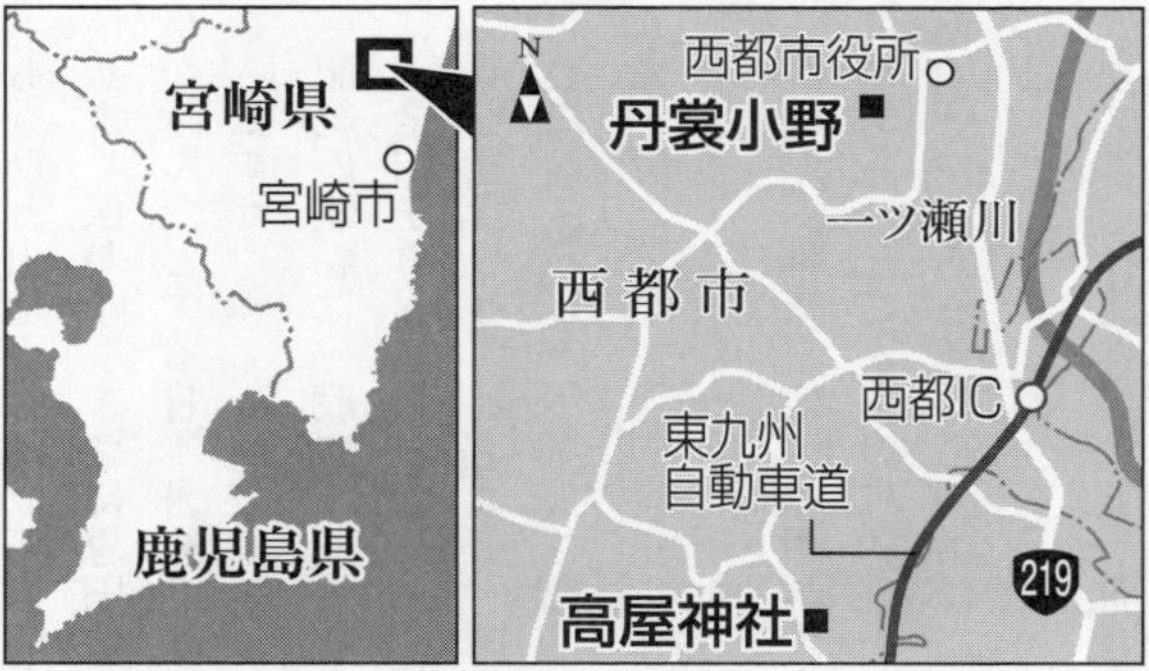

（一）愛《は》しきよし　我家の方ゆ　雲居立ち来も
（二）倭《やまと》は　国のまほらま　畳《たた》づく　青垣　山籠《こも》れる　倭し麗し
（三）命の　全《まそ》けむ人は　畳薦《たたみこも》　平群《へぐり》の山の　白橿が枝を　髻華《うず》に挿《さ》せ　此《こ》の子

〈是を思邦歌《くにしのひうた》と謂《い》ふ〉と日本書紀は書く。

「三首は若干の字句の違いはあるが、古事記が倭建命の思国歌《くにしのひうた》として載せているものとほぼ同じです。注目すべきは、掲載の順番、そして詠んでいる状況の違いです」

立命館大の藤原亨和《たかかず》教授はそう話す。三首は古事記では、（二）（三）（一）の順で載っている。故郷の大和をたたえ、生命力あふれる若者に思いを馳せ、立ち上る雲にわが家を懐かしむ――という順である。

「もうひと山越えれば故郷という地で、死に臨まざるを得なかったヤマトタケルの心情がよく伝わり、まさに思国歌としての載せ方だと思います。それが東を遠望して天皇が詠んだとする日本書紀の状況と掲載順だと、国見の歌と呼ぶ方がふさわしくなっています」

記紀の歌謡は一般に、独立歌謡と呼ばれる。七一二年と七二〇年の編纂《へんさん》時には朝廷に、全国から収集した歌謡が蓄積されていた。編纂者たちはその中から、歴史や物語に最も適合した歌謡を選び、掲載したとされる。三首は、古事記ではヤマトタケルの悲劇にふさわしいと判断され、日本書紀では景行天皇の得意を象徴するものと考えられたのである。

宮崎県西都市三宅。古墳群で有名な西都原台地の南端に、丹裳小野と伝承される場所がある。そこから南に約五キロ離れた高屋神社（西都市岩爪）が高屋宮跡とされる地の一つである。峠道の半ばにあり、社殿はさらに石段を六十二段上った先に建っている。

〈其の後二十七年八月再び熊襲叛《そむ》く。天皇は御子小碓命《をうすのみこと》（日本武尊）に命じて是を討たせらる。命は古《いにしえ》景行天皇の御所たりし高屋行宮跡に幸《みゆき》し、高屋宮に皇軍の克勝を御

祈願の後、熊襲建《たける》を討ち平らげ給ふ〉

神社の由来は、ヤマトタケルの西征でも高屋宮が活用されたことを伝える。緒方博宮司は言う。

「ここは戦国時代まで伊東氏が拠点にした都於郡《とのこおり》城跡が近く、高台で守りやすい場所。遠征では貴重な場所だったのでしょう」

ヤマトタケルの思国歌

古事記が記す思国歌は、伊服岐能山《いふきのやま》（伊吹山）の神に敗れたヤマトタケルが死を前に、伊勢の能煩野《のぼの》で詠んだとしている。

〈倭《やまと》は　国のまほろば　たたなづく　青垣《あをかき》
山隠《やまごも》れる　倭し　麗《うるは》し〉

〈命の　全《また》けむ人は　畳薦《たたみこも》　平群《へぐり》の山の
熊白檮《くまかし》が葉を　髻華《うず》に挿せ　その子〉

〈はしけやし　我家《わぎへ》の方《かた》よ　雲居《くもゐ》起《た》ち来《く》も〉

ヤマトタケルはこの三首を詠んだ後、ミヤズヒメの元に置いてきた草那芸剱《くさなぎのたち》を心配する歌を詠み、崩御したと古事記は書き、歌が悲劇性を強調している。

4 息子しのび時間かけ巡幸

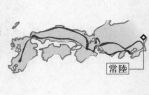

〈天皇、群卿《まへつきみたち》に詔《みことのり》して曰《のたま》はく、「朕《ちん》、愛子《かなしごしの》顧ふこと何《いづれ》の日にか止《や》まむ。冀《ねが》はくは、小《を》碓王《うすのみこ》の平《ことむ》けし国を巡狩《めぐりみ》まく欲《ほ》し」とのたまふ〉

倭建命の死から十余年後、父の景行天皇が発した詔《みことのり》を日本書紀はそう記す。自らの西征後、再度の西征と東征の末に三十歳で亡くなった息子を追慕する気持ちが抑えられず、ヤマトタケルが平定した国々を巡幸したいというのである。

天皇は大和から伊勢を経由し、ヤマトタケルが妻の弟橘比売命《おとたちばなひめのみこと》（日本書紀では弟橘媛）を失った東京湾を渡り、淡水門《あはのみなと》（安房＝千葉県）に至る。

〈膳臣《かしはでのおみ》が遠祖、名は磐鹿六鴈《いはかむつかり》、蒲《かま》（水辺に生えるガマ）を以《も》ちて手繦《たすき》にし、白蛤《うむぎ》（ハマグリ）を膾《なます》に為《つく》りて進《たてまつ》る。故《かれ》、六鴈臣が功《いさをし》を美《ほ》めて、膳大伴部《かしはてのおほともべ》を賜《たま》ふ〉

日本書紀は、天皇の巡幸ではヤマトタケルを慕う言動は全く書いていない。代わり

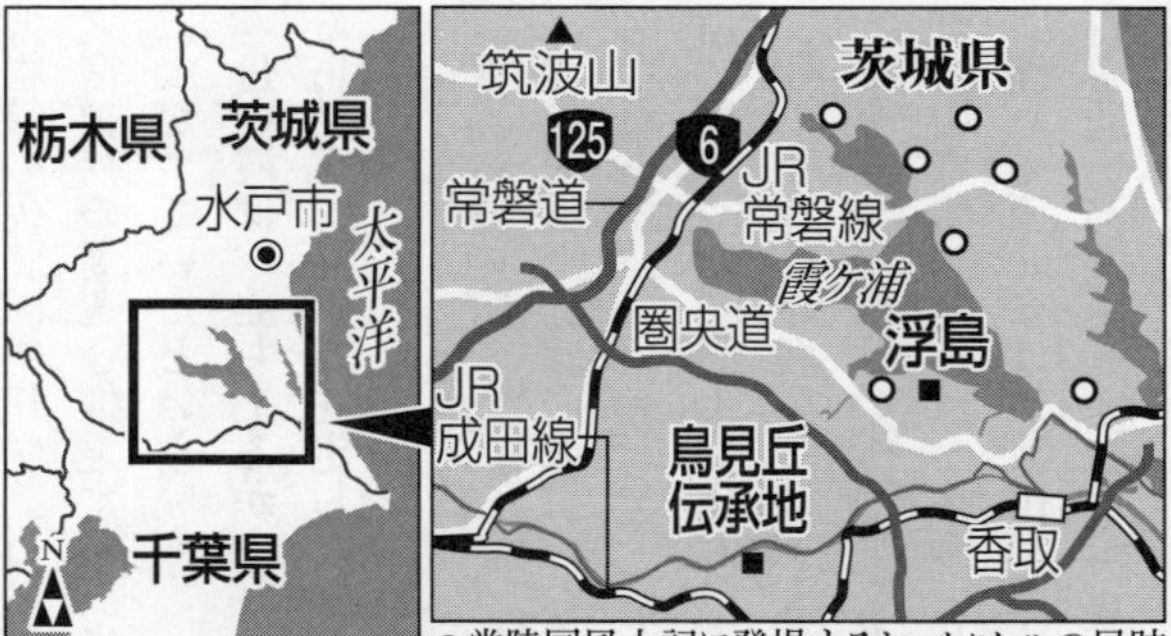

○常陸国風土記に登場するヤマトタケルの足跡

に紙幅を割いているのは、天皇の食膳を司る古代氏族、膳臣の伝承だ。

「古代の宮廷には、御食津神《みけつかみ》（食の神）として安房大神が実際に勧請されていた。この記述は、祭《さい》祀《し》につながる食物供献《きょうけん》を通して、地方が王権に服属していく様相を示唆している」

早稲田大の川尻秋生教授はそう話す。巡幸には王権の支配を固める目的もあったのである。

巡幸先での詳細は、日本書紀と同じ奈良時代初頭に編纂された『常陸国風土記』に載っている。

〈東《ひむがし》を顧《かへり》みて、侍臣《まへつきみ》に勅《みことのり》して曰《のりたま》はく、「海は青き波浩汗《ひろ》く、陸《くが》は是《こ》れ丹《あか》き霞空朦《おほほ》し。国は其の中より朕《あ》が目に見ゆるぞ」〉

天皇は、下総《しもうさ》（千葉県北部）の〈印波《いには》の鳥見《とみの》丘《をか》〉に登り、こう発した。千葉県八千代市立郷土博物館の佐藤誠《せい》主任学芸員は、鳥見丘の現在地を、同県印西市の台地の先端に建つ一之宮神社の周辺と推定する。当時は、現在の霞ケ浦につながる「香取の海」が目の前に広がっていたという。

「丹い霞は、立ち上るかまどの煙でしょう。ヤマトタケルが平定した常陸国を一望する鳥見丘に立ち、安定した繁栄ぶりをご覧になったことを伝えているのです」

〈浮島の帳《とばり》の宮〉

常陸国風土記は、天皇のもう一カ所の足跡をそう記す。茨城県稲敷市浮島。霞ケ浦南岸の小高い丘に今、「景行天皇行在所遺址《あんざいしょいし》」の石碑が立つ。ここは明治時代まで本当に島だった。同市文化財保護指導員の人見暁朗氏は、常陸国風土記の逸文（他文書に残る断片的な引用）に、天皇が浮島に三十日間滞在した記述があることに着目する。「幕を張っただけの帳の宮を営まれた一カ月は、ヤマトタケルが平定した地を巡幸されるのに要した日数と推考される」

浮島の西北には筑波山が望める。そこは新治《にひばり》、筑波の地。ヤマトタケルの東征の、古事記での北限である。天皇は、不便を忍び、時間をかけて、愛子が平定した地を巡ったのだ。

霞ケ浦と浮島

霞ケ浦は、琵琶湖に次ぐ広さの淡水湖だが、古代は内海だった。千葉県香取市の香取神宮の付近から西へ広大な香取の海が広がり、現在の印旛沼にまでつながっていたとされる。

景行天皇が滞在した浮島は、古代には霞ケ浦の中心に位置し、常陸国風土記は「四面絶海」と書く。塩作りを生業とする十五世帯が暮らし、九つの神社があったとも記す。

人見氏は「通行の中継地として、各勢力が自らの神を祭ったのでは」と想像する。景勝地として知られ、紀貫之《きのつらゆき》ら多くの歌人が浮島の情景を詠んだ。

5

父子で固めた国家の礎

〈十二月に、東国《あづまのくに》より還《かへ》りて、伊勢に居《ま》します。是《こ》を綺宮《かにはたのみや》と謂ふ〉

御子の倭建命が平定した東国を旅した景行天皇は、二カ月後の十二月に伊勢の綺宮に戻って来た、と日本書紀は記す。

綺宮の伝承地は、ヤマトタケルが白鳥となって飛び立った能褒野《のぼの》（古事記では能煩野）。三重県鈴鹿市加佐登町綺宮崎の高台に「景行天皇綺宮宮阯」の石碑が立つ。

「綺宮の門があったとされる場所の土が少し盛り上がっていて、耕作してはいけないと言い伝えられている」

愛知県稲沢市の郷土史家、竹田繁良氏は、伝承が今も生きていると話す。

ヤマトタケルを祭る加佐登《かさど》神社の鈴本信彰宮司は、天皇が翌年秋まで伊勢にいたことを示す日本書紀の記述に着目する。

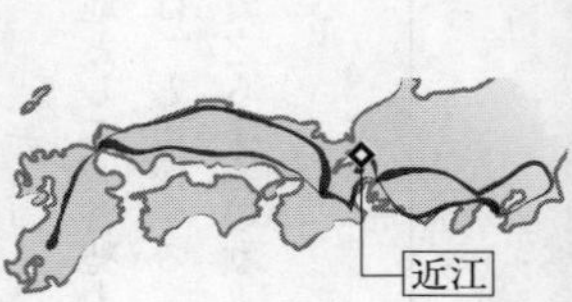

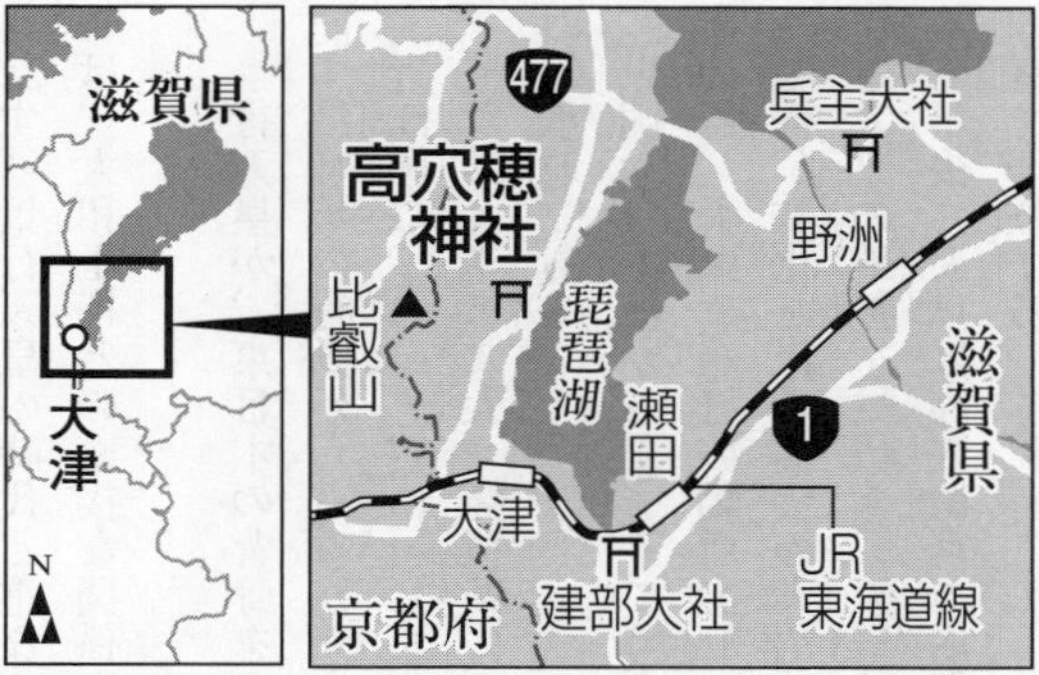

「御子の悲痛に思いを寄せ、慰霊にかけた時間だったと思います」

ヤマトタケルは東征で、往路は東海道、復路は東山道を進んだ。天皇は往復とも東海道とみられるが、大和の纏向宮に帰還後、最初に行った政治を日本書紀はこう書く。

〈彦狭島王《ひこさしまのみこ》を以《も》ちて東山道《やまのみち》十五国の都督《かみ》に拝《ま》けたまふ〉

彦狭島王は十代崇神《すじん》天皇の曽孫で、上毛野国《かみつけのくに》(群馬県)の初代国造と伝わる人物である。

「上毛野は古墳時代を通じて東日本有数の大型墳が造営された。関東で発見された三角縁神獣鏡十八面のうち十二面が群馬に集中していることも、文献上の伝承とよく整合する」

群馬県高崎市教委文化財保護課の若狭徹氏はそ

う話す。景行天皇の時代と重なる三～四世紀、有力者に配布された三角縁神獣鏡の分布は、大和王権との密接な関係を示す。

景行天皇が、東日本の背骨をなす東山道諸国の統治を重視したことは、日本書紀が記す最晩年の行動からもうかがえる。

〈近江国《あふみのくに》に幸《いでま》し、志賀に居《ま》しますこと三歳なり。是を高穴穂宮《たかあなほのみや》と謂《い》ふ〉

滋賀県大津市穴太《あのう》。琵琶湖に面した比叡山東麓に鎮座する高穴穂神社が、高穴穂宮の伝承地である。

「東国や日本海から集まってくる物資を、奈良や京の都に届ける前に集約的に管理するのに、大津は絶好の場所でした」

滋賀県文化財保護協会の大沼芳幸普及専門員はそう話す。東山道や北陸道の起点となる大津の地勢を見抜き、天皇は、奈良盆地の外へ初めて皇居を移すのである。

三年後に天皇は高穴穂宮で崩御し、ヤマトタケルの異母弟が十三代成務《せいむ》天皇として同宮で即位する。

〈境を定め邦《くに》を開き、近淡海《ちかつあふみ》に制《をさ》めたまふ（国々の境を定め、首長制を置く国家を開き、近江の宮で統治された）〉

古事記は序文で、成務天皇の治世をそう称《たた》える。景行天皇とヤマトタケル父子の偉業を礎に、現在につながる国家が成ったことを、記紀は伝えている。

近江と景行天皇

日本武尊を祭る近江国一の宮、建部《たけべ》大社（大津市神領）の創建は景行天皇の時代。安（＝野洲）の国造の娘でヤマトタケルの妻、布多遅比売命《ふたぢひめのみこと》が、御子の稲依別王《いなよりわけのみこ》と共に住んでいた神崎郡建部の郷（現在の滋賀県東近江市）に創建され、四十代天武天皇の時代に瀬田の唐橋のたもと（現在地）に移ったと伝わる。

兵主《ひょうず》大社（同県野洲市五条）の八ケ崎神事は、宮司が湖に腰までつかり、神を迎える。景行天皇の遷都で大和の纒向から高穴穂宮に遷った兵主神が、さらに琵琶湖を渡って野洲に鎮座した故事を由来とする。

高屋宮跡とされる高屋神社。行宮にふさわしい高台に建っている（宮崎県西都市）本文 252 ページ

高穴穂神社の裏に立つ高穴穂宮跡の石碑（滋賀県大津市）本文 260 ページ

第十二章 天皇への系譜

古事記は、ヤマトタケルの御子が十四代仲哀天皇として即位したことを書く。十三代成務天皇にとっては甥にあたる天皇で、御子が皇統を継いだことでヤマトタケルは名実ともに古代史の英雄になる。

帯中津日子命《たらしなかつひこのみこ》は、天の下治《したし》らしめしき

1 大蛇を退治した忠犬

〈近淡海《ちかつあふみ》の安国造《やすのくにのみやつこ》が祖《おや》、意富多牟和気《おほたむわけ》が女《むすめ》、布多遅比売《ふたぢひめ》に娶《あ》ひて、生みませる御子、稲依別王《いなよりわけのみこ》〉

倭建命《やまとたけるのみこと》の御子六人のなかで、ヤマトタケルが琵琶湖周辺に勢力があったことを示すのがイナヨリワケだ。母フタヂヒメの親元の「安」は、現在の滋賀県野洲《やす》市周辺。ヤマトタケルを祭る建部《たけべ》大社（大津市）の社伝によると、フタヂヒメとイナヨリワケの母子が暮らしたのは神崎郡建部の郷。現在の滋賀県東近江市になる。

〈稲依別王は、犬上君《いぬかみのきみ》、建部君《たけべのきみ》等が祖〉

古事記はこうも記す。犬上君は、滋賀県多賀町や甲良町、彦根市の大部分を含む旧犬上郡を治めたとされる氏族。その血筋は多賀大社（多賀町）の社家につながるとされる。

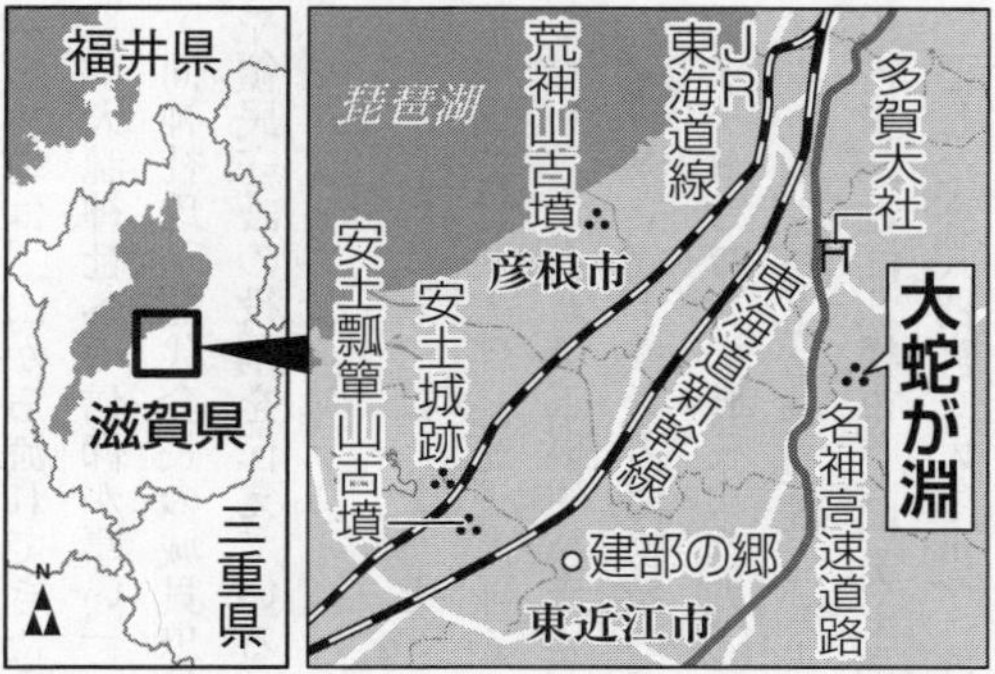

〈川沿いに大蛇が住み、通りかかる村人に危害を加えていた。これを退治するため、稲依別王命は猟犬の小石丸を連れてやってきた〉

同大社の元宮ともいわれる大瀧神社（同町）には、すぐ横を流れる犬上川の急流と奇岩巨岩がつくる「大蛇が淵」を舞台にしたイナヨリワケの伝承が残っている。

〈松の木の下で休憩していると、小石丸が吠えかかり、眠ろうとすると、ますます吠えるので、小石丸の首を切ってしまった。すると首は、松の枝に潜んでいた大蛇の喉にかみつき、大蛇と一緒に落ちた。イナヨリワケは忠犬の首をはねたことを悔やみ、祠《ほこら》を建てた〉

犬上の郡名は、この伝承に由来する犬神、あるいは犬咬《かみ》が転じたとされる。

「伝承地は、山から流れてきた犬上川が、平野を潤す手前にあり、下流の農家は今でも、大瀧神社への信仰が厚い」

同神社氏子総代会長の城貝忠信氏はそう話す。伝承は、イナヨリワケの武人的特性や領民守護の役割を伝えている。

「犬上君の『君』は、天皇とのつながりが強い豪族の姓《かばね》です。三十六代孝徳《こうとく》天皇の即位の儀では、大伴長徳連《ながとこのむらじ》と並んで犬上健部君が、左右近衛の大将のような地位を占めており、犬上君は軍事的な氏族だったと考えられる」

滋賀県立安土城考古博物館の元学芸課長、大橋信弥氏はそう話す。

イナヨリワケの時代に当たる四世紀中ごろから後半には、琵琶湖畔には墳長一〇〇メートルを超える琵琶湖三大古墳が築かれた。建部の郷の四キロ西にある安土瓢箪《ひょうたん》山《やま》古墳（近江八幡市）、旧犬上郡の荒神山古墳（彦根市）、晩年の十二代景行天皇が皇居とした高穴穂宮（大津市）に近い膳所《ぜぜ》茶臼山古墳（同市）である。

「三つの古墳はいずれも、琵琶湖に面しており、大和王権が東国や日本海につながる琵琶湖の水運ネットワークを整備したことを示している」

彦根市教委の細川修平氏はそう話す。イナヨリワケの伝承や古墳は、ヤマトタケルの子孫が軍事力を背景に湖上交通を掌握し、大和王権の基盤を支えたことを想像させる。

軍事・外交担った犬上君

日本書紀は、十五代応神《おうじん》天皇と、異母兄弟の麛坂王《かごさかのみこ》・忍熊王《おしくまのみこ》の兄弟が皇位を争った時、犬上君の倉見別《くらみわけ》が麛坂王らの側に付き、東国の兵を興したと記す。クラミワケはイナヨリワケの子とみられ、ヤマトタケルが東征で従えた勢力を子孫が受け継ぎ、軍事を担ったことを示唆する。

応神期以降はしばらく、犬上君の記事は見えないが、日本書紀の三十三代推古《すいこ》天皇の条に、冠位十二階の上から三番目の人物として犬上御田鍬《みたすき》が登場。遣隋使と遣唐使に任ぜられており、犬上君は外交にも長じていたことをうかがわせる。

2

「白鳥」めぐる兄弟の確執

〈山代《やましろ》の玖々麻毛理比売《くくまもりひめ》に娶《あ》ひて生みませる御子、足鏡別王《あしかがみわけのみこ》〉

古事記は、倭建命の御子の一人として、日本書紀では蘆髪蒲見別王《あしかみのかまみわけのみこ》と記される御子の名を書く。この王について、古事記は多くを語らないが、日本書紀は父、ヤマトタケルをめぐる象徴的な出来事を伝えている。あらましは次のようだ。

死後に白鳥となった父、ヤマトタケルを敬慕する十四代仲哀《ちゅうあい》天皇は、御陵の周囲で白鳥を飼おうとした。朝廷の求めに応じ、越国《こしのくに》（越前、越後など）が四羽を献上したが、使者の宿泊先だった宇治川のほとりに王が通りかかった。どこへ連れていくのかを尋ねられた使者が、仲哀天皇に献上する経緯を説明すると、王は驚くべき行動に出た。

〈「白鳥と雖《いへど》も、焼かば黒鳥に為《な》らむ」〉

そう言い放つと、強奪したのだ。王の横暴の背景を大阪市立大の毛利正守名誉教授はこう推測する。

「神武天皇が四人兄弟の四番目だったように、神話の世界では末子相続が目立つ。神聖な鳥を台無しにする言動には、天皇になった異母兄への複雑な感情があったのかもしれません」

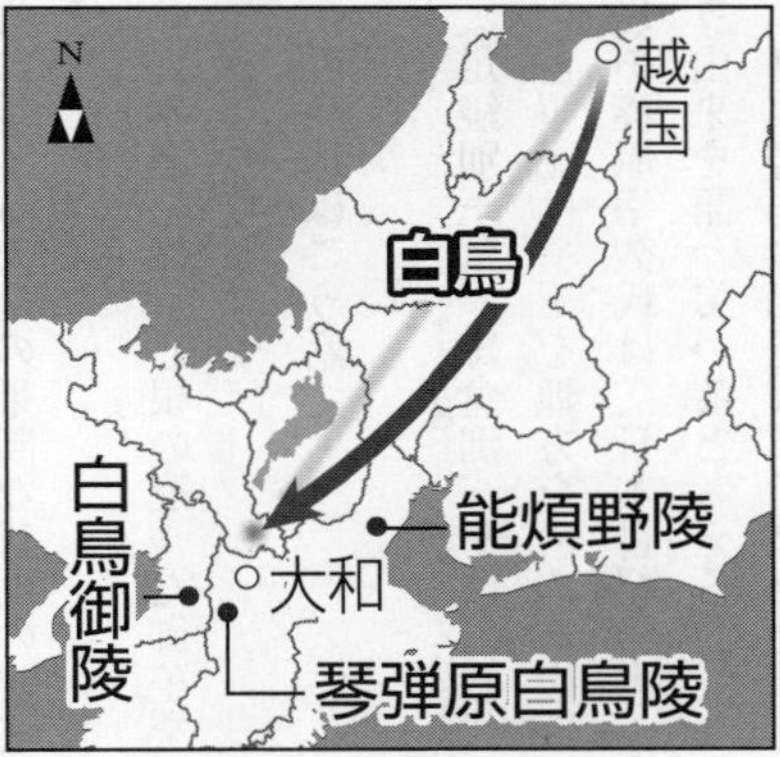

〈先王《さきのきみ》に礼無きことを悪《にく》みたまひ、乃《すなは》ち兵卒《いくさ》を遣して誅《ころ》さしめたまふ〉

使者から報告を受けた天皇は、異母弟の父への非礼を憎み、すぐさま兵を送って誅殺《ちゅうさつ》した、と日本書紀は書く。その上で、事件に対する世評を明確に記す。

〈父は是天《これあめ》なり。兄も亦君《またきみ》なり。其れ天を慢《あなど》り君に違《たが》ひなば、何ぞ誅《つみ》を免《まぬか》るること得む〉

皇位に就かなかったヤマトタケルを天として天皇の上に見る言葉と、それを侮った異母弟に対する天皇の果断な行動の記述は、歴代天皇を美化する日本書紀ならではのものだ。

「日本書紀は、心根の違った御子を語ることで、仲哀天皇の悲嘆と敬慕の深さを際立たせたのでしょう」

毛利氏はこう話す。

〈足鏡別王は、鎌倉別《かまくらのわけ》、小津《をつ》の石代別《いはしろのわけ》、漁田別《いざりたのわけ》が祖なり〉

古事記は、王を地方を治める複数の氏族のルーツと位置づける。鎌倉文化研究会会員の篠原幸久氏は、日本書紀の書く事件は、王を祖とする氏族が大和王権に臣従を誓う由来を語っていると考える。

「日本書紀の記述は、王の死を伴う大和王権への服属の意味を持ち、古事記が書く鎌倉別らの出自は、この話とつながっているのではないでしょうか」

鎌倉別は、ヤマトタケルが后の弟橘比売命《おとたちばなひめのみこと》を失った走水の海（浦賀水道）につながる鎌倉の地を支配した豪族とみられる。小津は尾津とする説があり、小津の石代別は、ヤマトタケルが東征で置き忘れた刀を見つけた尾津前（三重県桑名市）の勢力とも考えられる。

古事記が「系譜」の章を設けているのは須佐之男命《すさのおのみこと》と大国主神《おおくにぬしのかみ》、大年神、そして十五代応神《おうじん》天皇のみ。国造りした神々と、外征する国力を誇り、死後には八幡神になった天皇と並ぶ評価をヤマトタケルは受けている。

足利市章

栃木県足利市の市章は、古い鏡をイメージしたデザインに「足」の文字を入れている。市章制定は大正三年で、足鏡別王が市域を封邑《ほうゆう》としていた伝承に基づいている。

しかし、現在の市史は「推量にすぎず」と結論づけている。いわき明星大の元教授、前澤輝政氏は「足利は神功《じんぐう》皇后の時代、将軍として新羅に進軍した鹿我別《かがわけ》の本拠地だったと考えられ、足鏡別王が治めたとする根拠ははっきりしない」と指摘する。が、記紀が詳しく触れない王の伝承が、ヤマトタケルの東征ルートにあることは注目される。

3 瀬戸内海守る二人の子孫

〈又妃《またのみめ》、吉備武彦が女《むすめ》吉備穴戸武媛《あなとのたけひめ》、武卵王《たけかひごのみこ》と十城別王《とをきわけのみこ》とを生む〉

日本書紀は、倭建命（書記では日本武尊）の東征に従った忠臣の娘が、ヤマトタケルの御子二人を産んだと記す。ヤマトタケルの母も吉備の血をひく針間の伊那毗能大《いなびのおほ》郎女《いらつめ》。記述は、大和王権が吉備勢力と重層的に婚姻関係を結び、強いつながりを保っていたことを示している。

〈兄武卵王は、是讃岐綾君《さぬきのあやのきみ》が始祖なり。弟十城別王は、是伊予別君《いよのわけのきみ》が始祖なり〉

兄は吉備と向き合う讃岐に、弟は隣の伊予に配されたことを、日本書紀は示唆する。古代交通の大動脈だった瀬戸内海を、吉備系で挟み込む形である。ヤマトタケルの子孫への大和王権の厚い信頼がうかがえる。

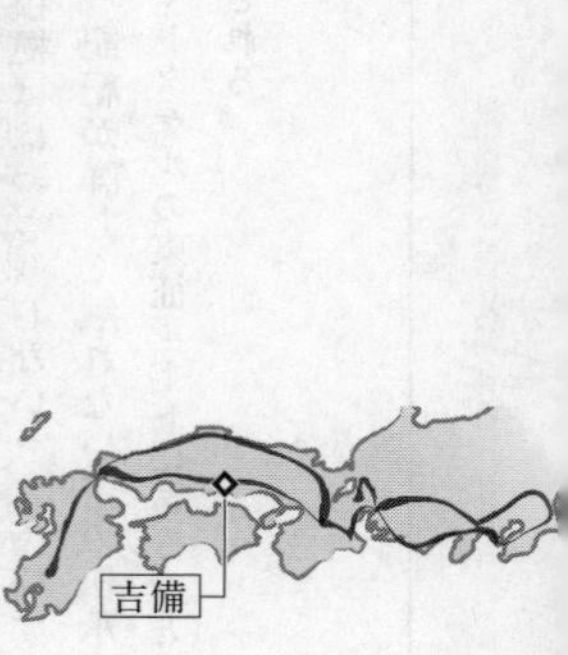

トヲキワケの記述は古事記にはなく、日本書紀もその後の消息を伝えていない。その名は九州北部の伝承としてのみ残っている。

「神功皇后はここで勝利の祈願をしてトヲキワケらと軍議を開き、出立されたと伝わっています」

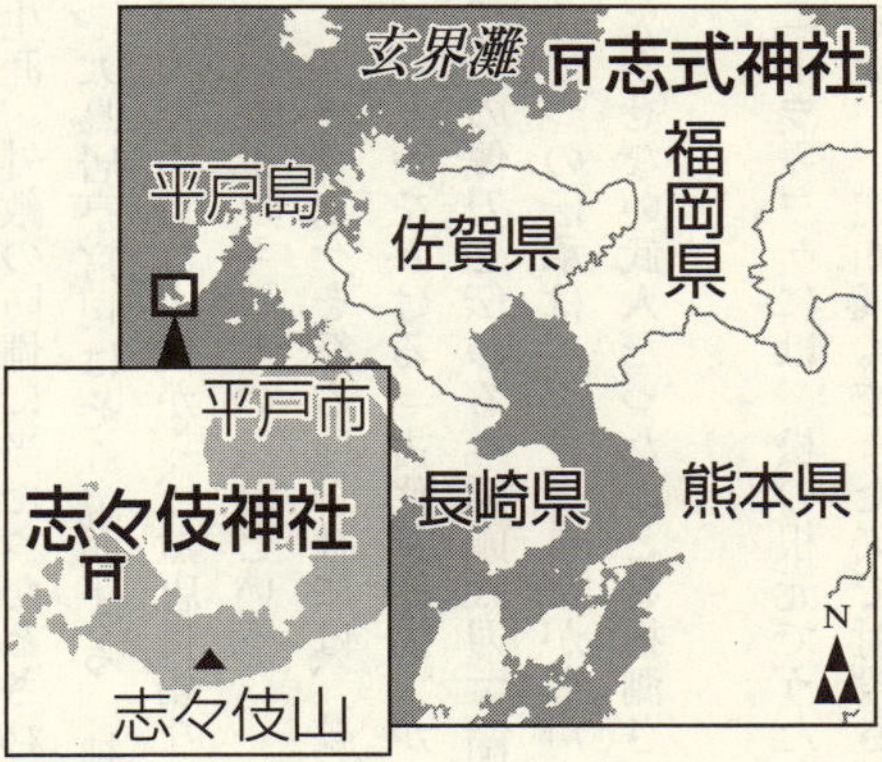

玄界灘に面した志式《しき》神社（福岡市東区）の稲光賢治宮司はそう話す。急逝した十四代仲哀天皇に代わって新羅に遠征した皇后に従った将軍だったというのである。仲哀天皇はヤマトタケルの御子で、トヲキワケには異母兄に当たる。

皇后は新羅の服属を勝ち取って帰還し、現在の福岡県宇美町で十五代応神天皇となる王子を産んだ、と古事記は記す。そのころのトヲキワケの消息を伝えるのは志々伎《しじき》神社（長崎県平戸市）である。

「神功皇后の命により、この地にとどまり、生涯、外敵の防備に当たったとされています」

大鳥居亨宮司はそう説明する。神社がある志々伎山（標高三四七メートル）のとがった山頂は古代から、遣唐使船など海上交通の重要な目印だった。港に浮かぶ小さな島がトヲキワケの陵墓という。

トヲキワケを祭る同神社には、紋付きはかまの男性二人が互いの肩に手を置き「エイ」と声をかける「古代神相撲」が今に残り、平戸島内にはトヲキワケの重臣、七郎氏広の佩刀《はいとう》と伝わる「鐶頭《かんとう》太刀」（国指定重要文化財）が現存する。

二つの伝承は、トヲキワケが瀬戸内海を押さえる水軍力を握り、大和王権にとって欠かせない武人だったことを推測させる。

「トヲキワケには、松の根元でうたた寝をしている間に船団が出港し、志々伎山に登る途中、突如飛んできた矢で射殺されたという伝説もあります」

そんな異説を話すのは平戸城の浦部知之学芸員だ。神功皇后が大和に帰る際、九州で生まれた王子の異母兄である香坂王《かごさかのみこ》、忍熊王《おしくまのみこ》と戦わざるを得なかった。この戦の際、香坂王の側にあったトヲキワケは身を守るため、平戸島に残ったことが、戦前に出版された地元歴史書に書かれているという。凱旋将軍として大和に帰れなかったヤマトタケルと二重写しになる後半生である。

武卵王の悪魚退治

トヲキワケの兄、武卵王は古事記では〈建貝児王《たけかひこのみこ》〉として書かれ、讃岐・香川県では悪魚退治のヒーローとして伝わる。

伝承では、景行天皇が息子のヤマトタケルに対して、土佐の海や瀬戸内海で人々を苦しめる巨大魚を退治するよう命じた。ヤマトタケルは、自分ではなくわが息子に、と推した。カケカヒノミコは、軍船もろとも巨大魚にのみ込まれたが、腹を切り裂いて仕留めたという。

タケカヒノミコはそのまま讃岐にとどまり、讃留霊王《さるれおう》と呼ばれ、讃留霊王神社（香川県丸亀市）で祭られている。

4

夫婦で遂げた新羅親征

〈帯中日子天皇《たらしなかつひこのすめらみこと》、穴門《あなと》の豊浦宮《とよらのみや》と筑紫の訶志比宮《かしひのみや》に坐《いま》して、天《あめ》の下治《したし》らしめしき〉

古事記がそう書く十四代仲哀天皇は倭建命の第二子である。母は十一代垂仁《すいにん》天皇の女《むすめ》、布多遅能伊理毘売命《ふたぢのいりびめのみこと》。ヤマトタケルにとっては叔母にあたり、父の十二代景行天皇がヤマトタケルを重要な御子と考えていたことをうかがわせる。ヤマトタケルの異母弟、十三代成務天皇が崩御し、皇統で初めて直系が絶えた時、タラシナカツヒコに白羽の矢が立ったのは、この母の存在が大きかった。

仲哀天皇の事跡として古事記が紙幅を割くのは、熊曽国への軍旅の際に神が憑《つ》いた神功皇后との会話と、その後の不慮の死である。

〈「西の方に国有り。金・銀を本と為《し》、目の炎耀《かかや》く種々の珍しき宝、多《さは》に其の国に有り。吾今其の国を帰せ賜はむ」〉

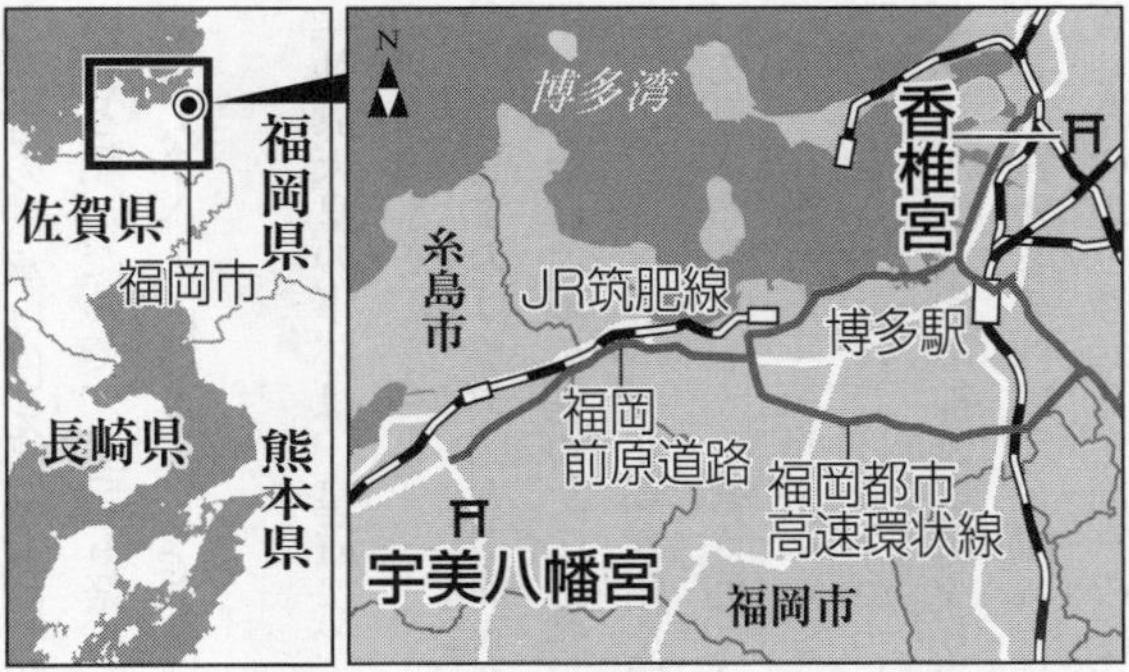

宝物あふれる国を授けようと言う神託に天皇は「西には大海があるだけだ」と答え、偽りの神と考えて沈黙した。神は怒って「黄泉路《よみじ》を行け」と告げ、臣下が気付いたときには天皇は崩御していた。

福岡市東区の香椎宮《かしいぐう》。仲哀天皇が崩御し、残された神功皇后が新羅親征を決めた地に建つとされ、夫妻をご祭神にしている。

「日本を初めて国際国家にしたのが、神功皇后だろうと思います」

木下英大権禰宜《ごんねぎ》はそう話す。新羅国と百済国を下して日本初の海外遠征を成功させたのが皇后だからだ。

同宮の起源は、皇后が天皇を祭ったこととされる。皇后も祭られたのは四十四代元正《げんしょう》天皇の時、と同宮の伝承は伝える。皇后が天皇の枕元に立ち、「仲哀天皇のそばで祭ってほしい」と頼んだので、皇后も祭られたという。夫婦の絆を感じさせる伝承から、同宮は「愛つなぐ、香椎宮」としても信仰されている。

「仲哀天皇の事跡は、皇后に比べれば物足りないところがある。そのために存在を否定する説もある」

そう話すのは皇學館大の荊木《いばらき》美行教授だ。しかし荊木教授は、天皇が熊襲（曽）制圧のために大軍を進めたことが、日本書紀に記されていることに注目する。

「この遠征によって北部九州を服属させたことが、後の新羅出兵の足固めとなる。皇后の新羅征討に目が行きがちですが、その意義は少なくない」

木下権禰宜も「天皇がいなかったら皇后は三韓征伐をなし得なかった。仲哀天皇は陰の英雄ではないでしょうか」と話す。皇后の帰還後、天皇の存命中に身ごもっていた御子が十五代応神天皇になり、大和王権は全盛期を迎える。

香椎宮から約四〇キロ離れた福岡県糸島市。仲哀天皇を祭る宇美《うみ》八幡宮は、天皇の仮埋葬の地とされる。同宮の縁起によれば、仲哀天皇と皇后に仕えた家臣、武内宿禰《すくね》が、天皇の棺を舟で運んで御陵を築いたという。同宮の宮司は宿禰の子孫がつなぎ、現在の武内純夫宮司は八十二代目である。

八幡神

仲哀天皇の跡を継いだ応神天皇とされ、八幡宮、八幡神社など、八幡神を祭る神社は四万社を超え、日本で一番多いとされる。八幡神は、皇祖神としても位置づけられたため、皇室は伊勢神宮に次ぐ第二の宗廟として崇敬した。

総本宮は宇佐神宮（大分県宇佐市）だが、なぜこの地に祭られたのか、詳しい理由はわかっていない。神仏習合を色濃く表す神で、天応元（七八一）年に朝廷は、宇佐神宮に鎮護国家・仏教守護の神として「八幡大菩薩」の神号を贈った。源氏の氏神としても有名だ。

5 受け継がれた英雄の血統

倭建命の父、十二代景行天皇には三人の皇位継承候補者がいた。ヤマトタケルもその一人だったが、天皇の崩御を待たずに死を遂げ、十三代成務天皇として即位したのは異母弟の若帯日子命《わかたらしひこのみこと》だった。

〈建内宿祢《たけうちのすくね》を大臣《おほおみ》と為《し》て大国・小国の国造《くにのみやつこ》を定め賜ひ、また国々の堺と大県《あがた》・小県の県主を定め賜ふ〉

古事記は、成務天皇の事績をそう記す。日本書紀では、こうした政策を実行する理由について、成務天皇自らが詔で述べる。

〈黎元《おほみたから》、蠢爾《しゅんじ》にして、野心を悛《あらた》めず。是、国郡《くにこほり》に君長《をさ》無く、県邑《あがたむら》に首渠《かみ》無ければなり（人民はうごめく虫のように、粗野な心を改めようとしない。これは、国や郡に長がおらず、県や邑に首班がいないからだ）〉

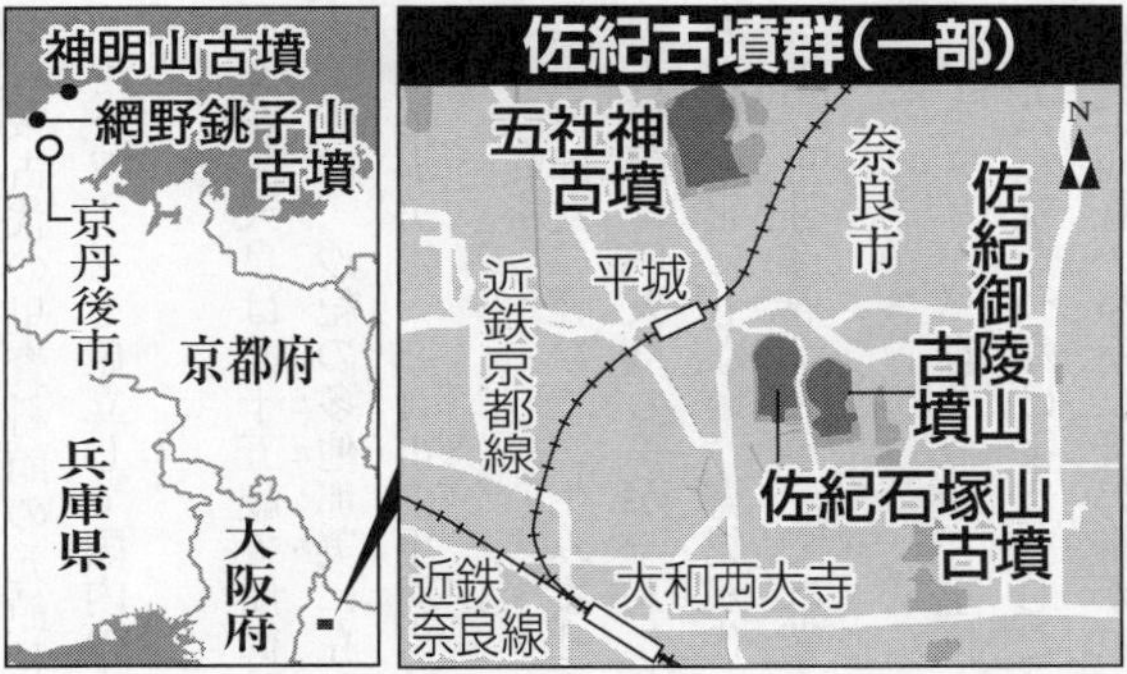

ヤマトタケルの遠征で大和王権の勢力圏は拡大したが、秩序は整っていなかったことをうかがわせる。

〈当国《そのくに》の幹了者《かんれうのひと》〉（才幹ある人物）を取りて、其の国郡の首長《かみ》に任《ま》けよ〉

天皇は、能力主義も宣言した。

天皇が改革を実行したのは、先代の景行天皇が晩年に皇居とした琵琶湖畔の高穴穂宮（大津市）。天皇が統治した時代には、丹後半島に墳長二〇〇メートル規模の巨大前方後円墳、網野銚子山古墳（京都府京丹後市）と神明山古墳（同）が造営された。

「両古墳は日本海に面している。朝鮮半島から鉄を輸入するため、大和王権がここを海外交易の窓口にしたのでしょう」

丹後古代の里資料館の元館長、三浦到氏はそう話す。大和王権は、琵琶湖の水運ネットワークを確立して国内の物流を活性化させ、海外と交易する力をつけたのである。

やがて天皇は九十五歳で崩御した、と古事記は書く。

〈御陵は、沙紀の多他那美《たたなみ》に在り〉

多他那美は、奈良市の平城宮跡の北に広がる佐紀古墳群の地である。

〈弟財郎女《おとたからのいらつめ》に娶《あ》ひて、生みませる御子、和訶奴気王《わかぬけのみこ》。一柱〉

古事記は、天皇の子が一人しかいなかったことを書く。その御子の消息は古事記にも日本書紀にもない。書紀が代わりに書くのは次の一文である。

〈甥《みをひ》、足仲彦尊《たらしなかつひこのみこと》（古事記では帯中津日子命、十四代仲哀天皇）を立てて、皇太子としたまふ〉

ワカヌケが早世したか、皇位を継げない事情があって、異母兄のヤマトタケルの第一子に皇位をつなげようとしたのである。この判断で、記紀の英雄、ヤマトタケルの血統は現在の皇室に受け継がれていく。

戦後、ヤマトタケルや仲哀天皇の妻、神功皇后らは非実在とされてきた。しかし、皇学館大の荊木美行教授はこう話す。
「ヤマトタケルの遠征で得た諸国を、成務天皇が安定させ、神功皇后に象徴される朝鮮半島との海外交易につながっていく。記紀は手順を追って一貫的に歴史を描いており、史実性は十分に認められます」

成務天皇陵と神功皇后陵

宮内庁は、奈良市の佐紀古墳群の佐紀石塚山古墳（墳長二一八メートル）を成務天皇陵、五社神《ごさし》古墳（同二六七メートル）を神功皇后陵としている。ただ、佐紀御陵山古墳（同二〇七メートル）を含む三基は、江戸時代から被葬者の推定が変遷しており、現在は古墳群最大の五社神古墳を成務天皇の墓とする説もある。

大阪市立大の岸本直文教授によると、丹後の網野銚子山古墳、神明山古墳はそれぞれ、佐紀御陵山古墳、五社神古墳と墳形が酷似した「相似墳」で、丹後と大和王権の直接的な関係を示しているという。

本書は二〇一六（平成二十八）年一月十日から十二月十日まで、産経新聞（大阪版）に連載された『ヤマトタケルのまほろば』に、加筆・修正し、再編集したものです。肩書や事実関係は、新聞連載時のものです。

単行本　平成二十九年十月　産経新聞出版刊

取材班スタッフ

安本寿久（やすもと・としひさ）

昭和33年、兵庫県生まれ。大阪社会部次長、編集局次長兼総合編集部長、産経新聞編集長などを経て特別記者編集委員。著書に『評伝廣瀬武夫』、共著に『親と子の日本史』『坂の上の雲をゆく』『人口減少時代の読み方』など。

坂本英彰（さかもと・ひであき）

昭和38年、和歌山県生まれ。社会部、文化部次長、外信部次長などを経て総合編集部次長。長期連載に「世界遺産　屋久島」「国境と民」、共著に『凛として─日本人の生き方』など。

松岡達郎（まつおか・たつろう）

昭和43年、福岡県生まれ。松江支局、阪神支局、社会部、経済部、神戸総局次長、経済部次長を経て総合編集部次長。共著に『親と子の日本史』『大阪の20世紀』など。

川西健士郎（かわにし・けんしろう）

昭和51年、東京都生まれ。福井支局、大津支局、奈良支局、大阪社会部を経て津支局記者。北陸の白山信仰、近江、大和の考古学などを取材し、白山信仰に関しては長期連載した。

恵守 乾（えもり・かん）

昭和54年、宮崎県生まれ。カメラマンとして入社し、ニュース担当、スポーツ担当、京都総局駐在を経て再度、ニュース担当。スポーツから神話まで幅広く取材。

装幀　伏見さつき
DTP　佐藤敦子
写真　産経新聞社

産経NF文庫

日本人なら知っておきたい英雄 ヤマトタケル

二〇一九年九月二十日 第一刷発行

著 者 産経新聞取材班

発行者 皆川豪志

発行・発売 株式会社 潮書房光人新社

〒100-8077 東京都千代田区大手町一-七-二

電話/〇三-六二八一-九八九一㈹

印刷・製本 凸版印刷株式会社

定価はカバーに表示してあります
乱丁・落丁のものはお取りかえ
致します。本文は中性紙を使用

ISBN978-4-7698-7015-9 C0195

http://www.kojinsha.co.jp

産経NF文庫の既刊本

国民の神話　日本人の源流を訪ねて

産経新聞社

乱暴者だったり、色恋に夢中になったりと、実に人間味豊かな神様たちが多く登場し、躍動します。感受性豊かな祖先が築き上げた素晴らしい日本を、もっともっと好きになる一冊です。日本人であることを楽しく、誇らしく思わせてくれるもの、それが神話です！

定価〈本体820円＋税〉 ISBN978-4-7698-7004-3

神武天皇はたしかに存在した　神話と伝承を訪ねて

産経新聞取材班

（神武東征という）長旅があって初めて、天照大御神の孫のニニギノミコトを地上界での祖とする皇室は大和に至り、天皇と名乗って「天の下治らしめしき」ことができたのである。東征は、皇室制度のある現代日本を生んだ偉業、そう言っても過言ではない。（序章より）

定価〈本体810円＋税〉 ISBN978-4-7698-7008-1

教科書が教えない　楠木正成

産経新聞取材班

明治の小学生が模範とした人物第一位――天皇の求心力と権威の下で実務に長けた武士が国政を取る「日本」を夢見て、そのために粉骨砕身働いたのが正成という武将だった。戦後、墨塗りされ、教科書から消えた正成。日本が失った「滅私奉公」を発掘する。

定価〈本体900円＋税〉 ISBN 978-4-7698-7014-2